Boisguilbert, Pierre Le Pesant de

Testament politique de monsieur de Vauban, maréchal de France

Tome 2

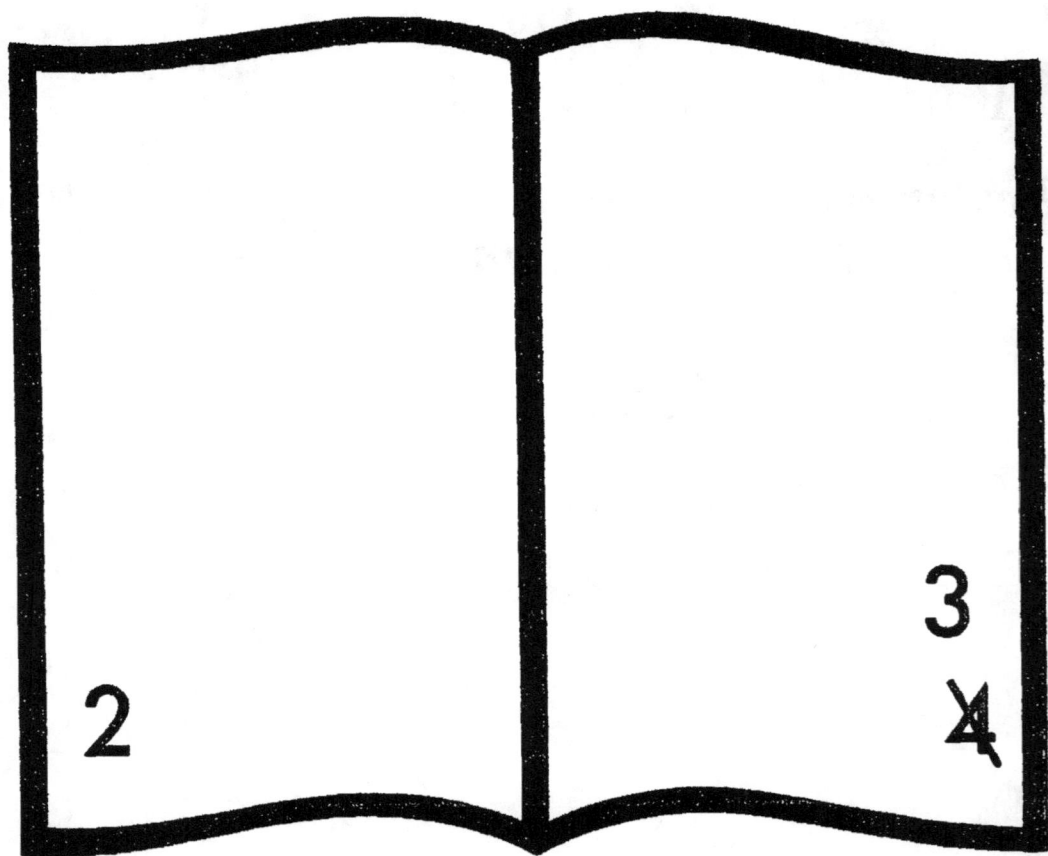

2

3

4

T

TESTAMENT
POLITIQUE
DE MONSIEUR
DE
VAUBAN,
MARECHAL DE FRANCE,
& premier Ingenieur du Roi.

DANS LEQUEL

Ce Seigneur donne les moiens d'augmenter
confiderablement les revenus de la Couronne, par l'établissement d'une Dixme
Royale ; & fuppreffion des Impots, fans
apprehenfion d'aucune revolution dans
l'Etat.

TOME SECOND.

M. DCC VII.

P

TESTAMENT

POLITIQUE

DE Mr DE VAUBAN,
Maréchal de France, &c.

Où l'on fait voir qu'il est tres-facile
de faire recevoir au Roi quatre-
vingt millions par dessus la Capitation, praticables par deux heures
de travail de Messieurs les Ministres, & un mois d'execution de la
part des Peuples, sans congedier
aucun Fermier general ni particulier, ni autres mouvemens que de
rétablir quatre ou cinq fois davantage de revenu à la France,
c'est à dire, plus de cinq cens
millions sur plus de mille cinq
cens aneantis depuis 1661, parce
qu'on fait voir clairement en même tems, que l'on ne peut faire
d'objection contre cette proposition, soit par raport au tems & à

la conjoncture, comme n'étant
pas propre à aucun changement,
soit au pretendu peril, risque, ou
quelques autres causes que ce puisse être, sans renoncer à la raison
& au sens commun, en sorte que
l'on maintient qu'il n'y a point
d'homme sur la terre, qui ose
mettre sur le papier une pareille
contradiction, & la souscrire de
son nom, sans se perdre d'honneur : & l'on montre à même tems
l'impossibilité de sortir autrement
de la conjoncture presente.

CHAPITRE PREMIER.

IL parut il y a quelque tems, autant
par hazard que de dessein premedité, au moins à l'égard du Public, un
Memoire ou Traité intitulé *Le Détail
de la France*. Bien qu'il fist voir la
facilité que le Roi avoit sans rien
déconcerter, de lever toutes les sommes necessaires dans la conjoncture
du tems, en procurant même l'utilité
de ses Peuples : Il n'a eut aucune

reuſſite , & même on n'y a pas fait
la moindre attention.

L'Auteur n'en eſperoit pas davantage , & il l'a marqué en termes ex-
près. La raiſon de cela étoit , qu'il
y avoit encore , pour ainſi dire , de
l'huile dans la lampe : le motif ou les
cauſes de la ruine de la France, par les
ſurpriſes que l'on faiſoit à Meſſieurs
les Miniſtres , avoient encore par devers eux dequoi paier amplement les
Entrepreneurs , comme eux pareillement aſſez de profit pour acheter de
la protection. Mais aujourd'hui que
le tout a pris fin faute de matiere, on
doit preſumer un ſuccez moins tra-
verſé, parce qu'il y aura moins d'interêt à contredire les propoſitions
paſſées, ou plutot une nèceſſité abſoluë de les admettre ; c'eſt pourquoi
on offre de la part des Peuples , ſans
craindre d'être deſavoué, tous les beſoins du Roiaume à quelque ſomme
qu'ils puiſſent monter , tant ſur terre
que ſur mer, pour mettre ſes ennemis
dans la neceſſité de n'atendre la paix
que de la juſtice & de la moderation
de Louis le Grand , comme par le
paſſé.   A 3

On maintient encore une fois, que s'il ne tient qu'à quatre-vingt millions par an pardessus les tributs ordinaires, & même davantage, sans compter la Capitation en l'état qu'elle est ; la chose sera bien-tôt faite, & cela sans nul déconcertement ni rupture d'aucun Traité que le Roi aie fait avec qui que ce soit, & faisant même beaucoup moins de mouvemens qu'il n'y en eut, bien qu'il ne s'en trouvât aucun, lors du premier établissement de la Capitation.

On parle avec d'autant plus de hardiesse & de certitude dans toutes les circonstances qui acompagnent cette proposition, que ces quatre-vingt millions ne seront que l'effet de plus de cinq cens, que Sa Majesté aura rétablis à ses Peuples par deux heures d'atention de Messieurs ses Ministres, & quinze jours d'execution chez les Peuples, ainsi que l'on a dit, aux conditions marquées.

Que l'on suspende un peu l'idée de ridicule & d'extravagance, que peut jetter une pareille proposition dans l'esprit d'une infinité de monde.

Que l'on songe que le grand Saint Augustin & Lactance, celebres Auteurs, n'ont pas aquis bien de l'honneur à traiter de foux & d'insensé un Evêque nommé Virgile, qui de leur siecle vint annoncer les Antipodes.

Christophe Colomb reçût le même traitement en presque toutes les Cours de l'Europe, avant que d'être écouté & aidé par quelque particulier en Espagne.

Copernic du dernier siecle fut menacé du feu par toute la Theologie, sur l'exposition de son Sistême, quoi qu'aujourd'hui le plus universellement reçû.

L'Auteur des quatre-vingt millions est dans une bien plus heureuse situation, que n'étoient pas tous ces grands hommes : non-seulement il n'est pas seul de son avis, comme eux ; mais il maintient qu'il n'est que l'Avocat de tout ce qu'il y a de Laboureurs & de Commerçans dans le Roiaume, c'est-à-dire, de tous ceux qui sont la source & principe de toutes les richesses de l'Etat, tant à l'égard du Roi que des Peuples.

En forte que pour temperer d'abord la grande vocation qu'on auroit à traiter ces difcours de vifion, & en rejetter même une grande dofe dès l'abord fur les contredifans ; le Procez va rouler entre les Laboureurs & Marchands, de qui feuls partent toutes fortes de paiemens, tant envers le Prince que les proprietaires, & ceux qui n'ont d'autre fonction que de recevoir.

Ces premiers difent & publient hautement qu'ils font prêts de paier les fommes marquées au titre de ce Memoire, aux conditions mentionnées, qui ne tiennent à rien, puis qu'il ne s'agit que d'un fimple acte de volonté de la part des perfonnes, que l'on fait bien être en pouvoir de faire ce qui leur plaît : Et les Parties adverfes font ceux à qui on ne demande autre chofe que de recevoir, qui difent, & croient même marquer par là leur fageffe & leurs lumieres, que ces paiemens font impoffibles.

Or on peut voir fur qui de ces deux perfonnages le ridicule doit tomber, par l'exemple des Lettres de Change.

Un Sujet qui feroit porteur d'un
papier de cette nature pour la valeur
de mille livres fur un riche Marchand,
pourroit-il fans extravagance lui en
faire fignifier la proteftation , après
que l'autre lui auroit dit qu'il eft prêt
d'en faire le paiement , & l'auroit
même fommé de le recevoir ?

Voila les loix & le point de droit
furquoi va rouler toute la queftion.
L'Auteur de ces Memoires ne veut
paffer que pour un extravagant
achevé , s'il fe méprend , & fi il n'eft
pas avoüé par tous les Peuples dans
fes propofitions. Il confent d'encou-
rir cette peine , & même d'être mis
aux lieux où l'on renferme les infen-
fez , au cas qu'il ne rencontre pas jufte. Et pour l'en convaincre il n'exige
pas de forts raifonnemens , & qui
aient à peu prés autant d'aparence
que les fiens , mais il declare d'abord
qu'au cas que tout ce qu'on lui poura
objecter contre fes offres , ou plûtôt
celles des Peuples , foit par l'impoffibilité abfoluë , foit pour le tems ,
comme n'étant pas propre à aucun
changement , foit pour le peril , foit

pour le déconcertement ; au cas, dis-je, que ces objections ne soient pas une extravagance achevée étant mises par écrit, à faire horreur au Ciel & à la Terre, & qu'elles puissent trouver quelqu'un pour les signer, d'être lui-même traité de la maniere qu'il-vient de consentir, ce qu'il réïterera presque à chaque page de cet Ouvrage, de peur que l'on ne l'oublie.

Comme le mot d'extravagance va souvent être emploié dans ces Memoires, bien que ce ne soit pas une expression que la politesse & la civilité souffrent ordinairement, ni dans les écrits entre les honnêtes gens ; on est obligé avant que d'entrer en matiere, de faire une petite digression pour marquer en même tems & la necessité de son usage dans cette ocasion, & purger aussi l'idée d'injure que l'on y voudroit suposer, à l'égard de ceux envers lesquels on s'en pourra servir. Pour le premier, comme la France a actuellement la gangrene, ou si on veut la pierre dans les reins, il faut pour sa guerison user d'incisions dans le vif, & d'operations trés-violentes dans les parties les plus nobles , les remedes ordinaires n'étans plus de saison , & se trouvans beaucoup au-dessous de la force du mal.

Or toute autre expression pouvant laisser l'idée , sinon d'une vision , au moins d'un problême , dans ce que l'Auteur de ces Memoires propose , à l'égard de tout ce qui n'est pas Laboureur où Marchand , c'est-à-dire , le beau monde ; il seroit difficile que qui que ce soit de ce genre , s'embarquât à penetrer dans ses raisons, & à en porter un jugement certain, pour faire le procez à de si illustres prejugez , & à de si pretendus grands hommes , dans la pensée qu'après beaucoup de peine & de travail , on ne trouveroit que de l'obscurité , qui est plus qu'il n'en faut pour faire traiter l'Auteur de visionnaire.

C'est dans ces ocasions que l'on se fait un plaisir de croire que les faits les plus évidens sont des faussetez , où l'on se ferme les yeux dessus ; & après le avoir en quelque maniere brûlez, on contredit les consequences les plus certaines qui s'en tirent , pour se perfuader à foi-même , & le vouloir le faire croire aux autres, qu'il n'eſt pas à preſumer que des gens ſi éclairez & ſi zelez pour le ſervice du Roi & du Public , aient commis de ſi lourdes fautes ; qu'ils avoient des raiſons à eux ſeuls connuës , que ſi on les ſavoit , on ne les calomnieroit pas de la ſorte ; qu'il eſt de la juſtice de ne pas condamner des gens ſans les entendre, ſur tout quand ils ſont morts, ce qui les met hors d'état de défendre leurs interêts & d'aprendre les motifs particuliers de leur conduite.

La ſituation preſente , ou plûtôt le deſordre de la France a pourvû à ſe procurer de pareils défenſeurs ; c'eſt pourquoi ce langage quelque depravé qu'il eſt , ne manquera pas de ſujets qui s'en ſerviront dans l'ocaſion preſente : ils ne ſe convertiroient pas même , quand un mort viendroit de l'autre monde atteſter la verité de ces Memoires : & cela aux ſentimens de l'Ecriture Sainte, parce que le cœur eſt pris : ce qui étant, ni l'eſprit , ni l'honneur , ni la conſience n'ont plus de voix au chapitre.

Mais

Mais lors que l'on parle d'extravagance, & que l'on maintient, comme l'on fera dans ces Memoires, que telle & telle affaire n'a pû être faite sans de deux choses l'une, ou que les Auteurs eussent tout-à-fait perdu l'esprit, ce qui n'est pas assurément, ni même présumable, ou qu'ils avoient si fort erré au fait, qu'ils ont également produit des extravagances, que s'ils avoient eu entierement la cervelle démontée ; ce qui produit le même éfet dans l'un comme dans l'autre.

Il faut absolument alors prendre parti, il n'y a pas moien d'user de subterfuge, ni pretexter de son ignorance sur de pareilles matieres.

Tout le monde, pourvû qu'il ait le sens commun, est juge competent, & ne peut s'abstenir de prononcer sans mauvaise foi, sous pretexte de son manque de lumiere.

C'est par de pareils raisonnemens ou de semblables principes, qu'on soûtient qu'on peut rétablir la France en deux heures, & l'on passe cariere d'abord, en repetant ce qu'on a déja dit ; favoir, que l'Auteur de cette propofition veut bien paffer pour un extravagant lui-même, & le plus grand qui fût jamais, fi on lui peut faire aucune objection encore une fois, foit pour la briéveté du tems, le peril ou quelques autres raifons que ce puiffent être, qui aient la moindre aparence, & qui ne foit pas une extravagance achevée, pourvû qu'elles foient mifes par écrit : & c'eft ce qui arrive toûjours dans tous les faits que l'on affirme, & que l'on contredit ; l'erreur eft caufe qu'il y a un des deux affurément, qui commet la même extravagance que s'il avoit perdu l'efprit.

Et qui que ce foit ne fe doit fort formalifer d'être tombé dans cette foibleffe : tous les plus grands hommes & les plus celebres Auteurs y ont été furpris : il n'y a point d'abfurditez qu'ils n'aient dites & écrites fur la foi de mauvais Memoires, dans des Ouvrages d'ailleurs trés-beaux, & qui les ont rendus trés celebres.

Saint Augustin & Lactance, comme l'on a marqué, ont traité d'extravagant le premier Auteur des Antipo-

des: la fuite a fait voir que l'extravagance étoit de leur côté.

Ainfi il fera permis à l'Auteur de
ce Difcours d'ufer des mêmes termes,
pour défendre la verité & les interêts
du Roi & des Peuples, defquels de
fi grands hommes ont ufé pour la
combatre.

Ce preambule pofé, que l'on a
crû neceffaire pour purger le ceremonial de cet Ouvrage, afin qu'on ne
fift pas un procez à l'Auteur fur fes
expreffions, n'en pouvant ataquer
le corps; On va entrer en matiere,
declarant que l'on a un trés grand
refpect pour les perfonnes que l'on
va montrer avoir toûjours erré au
fait; ce qui ne prejudicie point à leur
integrité, de laquelle on eft trés-
perfuadé, & qu'on fe feroit même
fervi d'expreffions plus douces fi on
avoit pû le pouvoir faire, fans trahir
la caufe du Roi & des Peuples,
qu'on a entrepris de défendre. La
juftice même oblige de dire, que bien
loin que Meffieurs les Miniftres
foient reprehenfibles de s'être fi fort
mépris au fait, ils ne pouvoient,

sansmiracle faire autrement , succedans à des Sujets qui leur avoient „montré de trés-mauvais exemples , & tracé des routes trés-défectueuses ; & bien loin d'être en état de s'en détourner , on peut dire que tout le monde conspiroit à les y maintenir, y aiant plus de fortune à faire à tromper un Miniftre en France , en ruinant le Roi & les Peuples , qu'à conquerir un Roiaume entier pour le Monarque , en quelque pais que ce soit.

CHAPITRE II.

ON promet quatre-vingt millions & plus par deffus les Impôts ordinaires , même la Capitation , par deux heures de travail & quinze jours d'execution : On promet de plus , de paier toutes les dettes du Roi & de l'Etat en dix ans de paix , & on promet enfin un doublement de revenus du Roi , en suprimant la Capitation , avant quatre ou cinq ans ; le tout sans rien risquer , ni deconcerter , ni user de pouvoir abfolu.

Voila la plus grande extravagance
qui puisse jamais tomber dans l'esprit, ni être proposée, si l'Auteur
ne rencontre pas juste dans la moindre de ces parties ; mais que l'on suspende son jugement jusqu'à l'entiere
lecture de cét Ouvrage, & que l'idée
de ridicule, encore une fois, qui se
presente avec violence à l'esprit,
tempere un peu son ardeur, & l'on
verra invinciblement que c'est le même procez qu'eurent ces grands hommes au sujet des Antipodes.

Personne ne doute que le principe
& la base des revenus de tous les
Princes du monde, ne soient ceux
de leurs Sujets, qui ne sont à proprement parler que leurs Fermiers, les
Souverains n'étans en pouvoir de
rien recevoir plus ou moins, qu'à
proportion que ceux qui font valoir
les terres, sont en état par le produit
qu'ils en tirent, de leur paier les Tributs. Cette maxime qui se pratique
également par tous les Etats, avoit
été en usage en France jusqu'à la
mort du Roi François I. n'y aiant
été derogé que mediocrement depuis

ce tems jufqu'en 1660. Mais on peut
dire que depuis cette année on a pris
le contrepied , & on n'a point crû
pouvoirfaire plus utilement & plus
diligemment recevoir de l'argent au
Monarque , fur tout dans les befoins
extraordinaires , non en augmentant
le revenu & les biens des Peuples,
mais en les diminuant par tout , &
les détruifant en plufieurs endroits
prefque entierement , à un taux certain l'un portant l'autre ; favoir vingt
de perte par pur aneantiffement à l'é-
gard du proprietaire pour un de profit au Roi , partagé même avec
l'Entrepreneur & fes protecteurs,
qui faifoient une fortune de Prince
pour un fi déplorable fervice.

Comme voila le Heros de la Piece,
& que c'eft fur ce fondement que tout
va rouler : On maintient ce fait inconteftable & auffi public , qu'il eft
conftant que la Seine paffe dans Paris ; enforte que quiconque le voudroit nier, fe rendroit auffi ridicule
que celui qui ne voudroit pas convenir de cette autre verité.

La perte de la moitié des biens de la France, tant en fonds qu'en industrie, qui suivent le sort necessairement de ces premiers, a autant de témoins qu'il y a d'hommes dans le Roiaume, sans parler des Regiftres, Baux & Contrats, qui font cette preuve par écrit, comme les Peuples par témoins.

On maintient encore que cette diminution depuis 1660. va à plus de quinze cens millions par an : que ce mot de centaine de millions n'étonne point & ne cause point de surprise. Comme on compte le revenu d'une Maison, d'une Ferme & d'un Village, tant dans les diminutions que dans les hausses, il est aisé à qui est rompu dans ces matieres, de suputer celui de tout un Roiaume. On a fait celui de l'Angleterre, qui ne vaut pas le quart de la France, à le prendre de toutes les manieres, quand ils travailleront ou plutot seront regis par les mêmes maximes, & on pretend qu'il va à prés de sept cens millions par an.

Et pour la France , ceux qui fe formaliferont de ces expreſſions ou de ces calculs trouveront bon , s'il leur plaît , que l'on compte par pluſieurs centaines de millions les revenus d'un Etat qui fournit à ſon Prince ſouvent dans des années , plus de cent cinquante millions , & à l'Egliſe ordinairement plus de trois cens millions , tant de revenu en fonds que celui qui eſt caſuel , qui ſurpaſſe de beaucoup le premier , dans la Religion comme ailleurs.

Dans la ſeule Election de Mante le revenu des Vignes , tant par un abandon entier de la plus grande partie , quoi qu'autrefois d'un très-grand produit aux Proprietaires, que par la diminution ſur celles qui ſubſiſtent encore , va de perte à deux millions quatre cens mille livres de compte fait, par un calcul juſte & certain, verifié ſur les lieux ; & comme les revenus en fonds bien que menans ceux d'induſtrie, n'en faſſent pas la quatriéme partie , ces derniers les excedans beaucoup davantage, c'eſt plus de dix millions de perte en

en pur aneantiſſement ſur une ſeule
Election : & bien loin que le Roi aît
rien gagné à ce beau menage , il a
perdu plus de cinq cens mille livres
ſur les Tailles , qu'il a falu diminuer,
tant dans cette Election que dans les
circonvoiſines , à cauſe du dechet
des biens : & tant s'en faut encore
que l'augmentation des Aides ait remplacé cette perte ſur les Tailles , elles
n'ont pas ateint la dixiéme partie de
ce dommage.

Et comme ce ſort eſt arrivé à l'E-
lection de Mante par une cauſe generale à tout le Roiaume, on en peut
tirer les mêmes conſequences , &
ſupoſer certainement la même perte
pour toute la France.

Que l'on commence donc à aller
bride en main , en, pretendant reve-
tir l'Auteur de ces Memoires de l'idée
d'extravagance , ſur cette diminution
de quinze cens millions de rente arrivée au Roiaume depuis 1660. d'autant que quoi que les Aides tiennent
conſtamment le principal perſonnage dans un pareil ravage , y comprenant les droits de Sorties, Paſſages ,

& Doüanes du Roiaume , qui ne
font ni moins criminelles, ni moins
outrageantes à la raifon & au fens
commun , que ces mêmes Aides ,
caufe de tant de malheurs , de notorieté publique : Cependant ces pretendus Droits du Prince ont pour
confors dans la deftruction de fes
Peuples , deux camarades qui l'ont
fort bien fecondé , s'ils ne l'ont pas
égalé dans l'aneantiffement de ces
quinze cens millions de rente ; favoir, l'injuftice & l'incertitude dans
la repartition de la Taille , dans laquelle bien qu'il n'y ait eu que de la
negligence & du manque d'attention
de la part de ceux qui gouvernoient,
ou tout au plus un mauvais exemple
de leur part , dans leur conduite particuliere à l'égard de leurs fonds ; le
defaftre neanmoins a été fi terrible
par la ruine de la confommation , &
par confequent du revenu , que l'on
peut affurer que fi les demons avoient
tenu confeil , pour avifer au moien
de damner & détruire tous les Peuples du Roiaume, ils n'auroient pû
rien établir de plus propre à arriver à
une pareille fin.

On en fera un détail plus particulier dans la suite, lors qu'il sera question de sa cessation ; ce qui n'exige point assurément une demie-heure d'attention de la part de Messieurs les Ministres, & quinze jours d'execution dans les Provinces, quand cette Commission sera donnée à des Sujets versez en de pareilles matieres, & sur tout du pais, comme autrefois, les Elûs n'étans autre chose dans leur institution, que des Repartiteurs nommez par le Peuple.

L'autre Adjoint dans la ruine de la France, est quelque chose de bien plus pitoiable : Non seulement ce n'est point l'éfet d'un interêt indirect, comme dans les Aides, qui ait aveuglé les Entrepreneurs, pour se procurer de l'utilité aux dépens de la ruine publique, ni la faute du manque d'attention au bien general, comme dans la repartition des Tailles ; mais c'est au contraire une production de reflexions trés-sages & trés pieuses, à ce qu'on pensoit ; savoir, le soûtien de l'avilissement des grains, que l'on a crû devoir établir & maintenir,

par des éforts continuels d'une pre-
tenduë trés-fine Politique, à être en
perte aux Laboureurs, le prix ne
pouvant ateindre aux frais de la culture en quantité d'endroits, bien
loin de satisfaire au paiement du Proprietaire & des Impôts ; ce qui a ati-
ré outre plus de cinq cens millions de
diminution de rente dans le Roiaume, comme cela est aujourd'hui,
l'abandon d'une infinité de terres de
dificile exploitation, & la prodigalité des grains à des usages étrangers,
comme nourriture de bestiaux & confection de manufactures ; ce qui ne
menace de rien moins que d'une cherté extraordinaire à la premiere sterilité.

En un mot, on a crû, qu'afin
que tout le monde fût à son aise,
qu'il faloit que les grains fussent à si
bas prix, que les Fermiers ne pussent
rien bailler à leurs Maîtres, & ceux-
ci aucun travail aux Ouvriers ; ce
qui étant tout leur revenu, la privation en excede dix fois le pretendu bas
prix du pain.

Et

Et on a pensé pareillement que pour éviter les horreurs d'une cherté extraordinaire, il est avantageux de faire abandonner la culture d'une infinité de terres, & l'engrais de presque toutes en general, le prix de la recolte n'en pouvant suporter les frais, & qu'il faloit aussi prodiguer les grains à ces usages étrangers que l'on vient de marquer.

Quelque horreur que l'on conçoive d'une pareille conduite, qui a été un enfant de la speculation, qui ne peut jamais produire que des monstres dans les Arts, que l'on n'aprend que par la pratique, jusqu'à un soulier, que le plus grand genie du monde ne pouroit construire sur un memoire dressé par un tres-habile Ouvrier, sans exhiber un objet ridicule ; cette conduite, dis-je, a crû meriter des aplaudissemens, & que les Auteurs doivent être apelez les Josephs de leur païs.

Il y a un Chapitre entier à la fin de cet Ouvrage ; & même si l'on est curieux, on trouvera un petit volume où l'on fait voir clair comme le

jour, & sans aucune crainte de repartie, qui ne soit une extravagance achévée ; savoir, que plus les
grains sont à vil prix, plus les Pauvres sont miserables, & sur tout les
Ouvriers : & en même tems, que
plus il sort de blez de la France, &
plus on se garantit d'une cherté extraordinaire dans les années steriles.

CHAPITRE III.

Voici le premier Acte de la piece, & sur lequel il faut faire
une pause, pour commencer à soute-
nir, aux termes du Cartel établi,
que les revenus de la France, sont diminuez de quinze cens millions depuis 1660 & que les trois causes
que l'on vient de marquer, ont produit ce malheureux éfet ; & que
comme l'Auteur se soûmet d'être traité en insensé, s'il ne rencontre pas
juste, il maintient en même tems
qu'il ne peut être démenti dans l'un
& l'autre de ces deux faits, sans une
extravagance achévée.

Or pour revenir au premier deffein
de cet Ouvrage , on ne peut contef-
ter fur les principes établis au commencement , qui font ceux de tous
les Etats de la terre , que les revenus
du Prince n'ont d'autre reffource que
ceux des Peuples , que qui pourroit
rétablir ces quinze cens millions de
rente en un inftant , dont les Peuples
joüiffoient tranquillement jufqu'en
1660. tout ce qu'on a propofé pour
le Roi ; favoir, les quatre-vingt millions de hauffe dans la conjoncture
prefente ; & le paiement de toutes les
dettes de l'Etat fous fon nom , ainfi
que le doublement de tous fes revenus , au lieu d'être une extravagance , feroient une chofe fort naturelle
& fort aifée ; puis que bien loin d'être
l'éfet de vifion ou de violence , ce ne
feroit qu'une fuite , ou plutot qu'une
très petite partie d'une opulence generale , repanduë en quelque façon
gratuitement ; & c'eft de la maniere
que l'on l'entend, comme on va voir
dans la fuite , aprés qu'on aura montré dans un Chapitre , ce que c'eft
que richeffe fuivant les loix de la Na-

ture, dont la fauſſe idée qu'on s'eſt
faite dans ces derniers tems a produit
tout le deſordre ; en ſorte que la ſimple reconnoiſſance de la cauſe du
mal, le fera ceſſer entierement, &
rétablira l'opulence.

CHAPITRE IV.

LA Richeſſe au commencement du
monde, & par la deſtination de
la Nature & l'ordre du Createur,
n'étoit autre choſe qu'une ample
joüiſſance des beſoins de la vie : comme ils ſe reduiſoient uniquement à la
ſimple nourriture & au vétement neceſſaire pour ſe garantir des rigueurs
du tems, le tout ſe terminoit preſque
en deux ſeuls genres de Métiers, ſavoir le Laboureur & le Paſteur ; les
troupeaux avant le Déluge n'aians
point d'autre uſage que d'habiller les
hommes de leur dépoüille, & c'étoit
les deux Profeſſions que ſe partage-
rent les deux enfans d'Adam aprés la
creation de l'Univers.

A leur exemple ceux qui les suivirent furent long-tems maîtres & valets, & leurs propres constructeurs de leurs besoins ; la vente n'étoit qu'un troque & une échange, qui se faisoit de main en main sans nul ministere d'argent, qui ne fut connu que long-tems aprés.

Mais depuis la corruption, la violence & la volupté s'étant mises de la partie ; aprés les besoins, on voulut le delicieux & le superflu : ce qui aiant multiplié ces Métiers, de deux qu'ils étoient d'abord, degré par dégré, en plus de deux cens qu'ils sont aujourd'hui en France, cette échange immediate ne pût plus subsister.

Le vendeur d'une Denrée ne trafiquant, presque jamais avec un Sujet qui fût possesseur de celle qu'il avoit dessein de se procurer en se défaisant de la sienne, & ne la pouvant même recouvrer qu'aprés un long trajet, & une infinité de ventes & de reventes de l'un à l'autre par le moien de ces deux cens mains ou Professions, qui composent aujourd'hui l'harmonie des Etats polis & magnifiques ;

il a falu une garantie & un porteur
de procuration de ce premier acheteur , que l'intention du vendeur sera
éfectuée , par le recouvrement de la
denrée qu'il vouloit avoir en se des-
saisissant de la sienne.

C'est par là que le ministere de
l'argent est devenu necessaire, par
une convention & un consentement
general de tous les hommes : qu'en
quelque Païs que ce soit , à moins
de quelque grand éloignement, ou
que quelqu'autre violence ne dérange
les choses ; celui qui est porteur d'argent est assuré de se procurer pour autant de la denrée dont il a besoin,
qu'il s'est défait de la sienne , & qu'il
sera livré avec autant de diligence &
d'exactitude, que si l'échange & le
troc s'en étoient faits immediatement & de main en main , comme
au commencement du monde.

Il y a là dessus une attention à faire,
qui est que l'argent , malgré la corruption qui en a fait une Idole , ne
peut fournir aucuns des besoins de la
vie étant reduit en monnoie , mais
est seulement garand que le vendeur

d'une denrée ne la perdra pas, & que celle dont il a besoin en troque de la sienne, lui sera livrée, ne se trouvant pas chez son acheteur.

Il faut faire encore une reflexion ; savoir, que cette fonction est si peu singuliere à l'argent, quelqu'idée qui regne au contraire, qu'il n'en fait pas la dixiéme partie, & même la cinquantiéme dans les tems d'opulence, qui n'est autre chose qu'une grande consommation, c'est à dire une trés-grande richesse.

Le parpier, le parchemin & même la parole, en font encore une fois, cinquante fois plus que lui : ainsi on a grand tort dans les occasions de misere, de mettre la cause des desordres sur son compte, & d'alleguer pitoiablement qu'il a passé en la plus grande partie dans les Païs étrangers: Pourquoi ne dit-on pas que le papier & le parchemin y sont également allez, & que c'est faute de cette matiere que la trafic a cessé, & que l'on vend & n'achete plus ?

On ne le dit point, parce qu'on sait bien que cela seroit ridicule : Or

de tenir le même discours de l'argent, est de la même absurdité, puis
que quand cette éclipse d'especes seroit veritable, comme non, on ne
lui pourroit imputer que son sol la livre de la cessation du commerce, dans
lequel n'aiant que la cinquantiéme
partie des fonctions, on ne pourroit
pas le rendre criminel pour un plus
haut degré ; or tout étant diminué
depuis 1660. de plus de la moitié,
on voit l'erreur de ces pitoiables raisons, que c'est manque d'argent.

Ces allegations seroient veritables
au Perou si les mines tarissoient, parce qu'étant uniquement le fruit du
Païs, il faudroit que les Peuples y
mourussent de faim, s'ils n'en faisoient pas sortir toutes les années une
trés grande quantité du Païs, pour
l'échanger contre les denrées necessaires à la subsistance

Sans parler des Isles de Maldive,
où par une convention unanime de
certaines coquilles font la fonction
de l'argent monnoié; ni de celles de
l'Amerique, où les Colonies de l'Europe qui les habitoient, ne man-

quoient d'aucuns de leurs befoins,
fans prefque jamais voir un denier
d'argent : le tabac feul, tant en gros
qu'en détail, en remplaçoit toutes
les fonctions; fi on vouloit avoir pour
un fol de pain, & même moins, on
donnoit pour un fol de tabac, &
ainfi du refte, parce que ceux qui le
recevoient étoient affurez d'en tirer le
même avantage, en fe procurant leurs
neceffitez.

Sans parler, dis-je, de ces exemples, les Foires de Lion en France,
qui forment un commerce par an de
plus de quatre-vingt millions, n'ont
jamais connû ni vû un fol d'argent
dans ce trafic : tout fe fait par échange immediate de denrée à denrée,
ou par Billets, lefquels après une
infinité de mains retournent au premier tireur, où il n'échet qu'une compenfation.

L'argent n'eft donc rien moins
qu'un principe de richeffe dans les
Contrées où il n'eft point le fruit du
Païs : Il n'eft que le lien du Commerce, & le gage de la tradition future des échanges, quand la livraifon

ne s'en fait pas fur le champ à l'é-
gard d'un des contractans, qui fe
deſſaiſir de la ſienne par les raiſons
marquées, & il partage cette fonction même avec tant d'autres choſes,
comme la ſimple parole, le papier,
le parchemin & les denrées mêmes,
qu'il eſt diſpenſé de la plus grande
partie de ce perſonnage, que l'on lui
ſupoſe fauſſement être ſingulier.

Il eſt même indifferent que pour ce
qui lui reſte d'emploi dans cet uſage,
dont on n'a jamais beſoin que lors
qu'il n'aparoit & ne réſide pas aſſez
de ſolvabilité dans l'un des contractans, pour s'en fier à ſa parole, au
papier & au parchemin : Il eſt indifferent, dis-je, qu'il y en ait peu ou
beaucoup dans une Contrée pour lui
procurer de l'opulence ; c'eſt à dire,
une entiere jouiſſance non ſeulement
des beſoins de la vie, mais même de
tout ce que l'eſprit humain a pû in-
venter pour les delices.

Il n'y a qu'une clauſe indiſpenſable, qu'étant indifferent que les
choſes ſoient à haut ou à bas prix, il
eſt d'une neceſſité abſoluë que le tout

foit reciproque, autrement plus de proportion, & par conſequent plus de commerce ; & ainſi plus de richeſſes, ou plutot beaucoup de miſere, qui eſt aujourd'hui la ſituation de la France.

Un homme qui recevoit mille francs par an ſous le Roi Françcois 1. étoit auſſi riche, & paſſoit ſa vie auſſi commodement & magnifiquement, que celui qui reçoit aujourd'hui quinze mille francs toutes les années, parce que le bled ne valoit que vingt ſols le ſeptier à Paris, qui doit valoir aujourd hui, année commune, quinze ou ſeize francs, & les ſouliers cinq ſols, par apreciation imprimée dans les Ordonnances, comme on les y peut voir. Le Laboureur qui ne vendoit ſon bled que vingt ſols, & le Cordonnier ſes ſouliers que cinq ſols, y trouvoient pareillement leur compte, parce que les proportions s'y rencontroient.

Mais ſi comme aujourd'hui le bled avoit valu quinze francs, le Cordonnier ſeroit mort de faim avec ſes ſou-

liers vendus cinq fols : comme par
reciproque le Laboureur eût tout
quitté, fi vendant fon bled vingt fols,
lui ou fon Maître euffent été obligez
d'acheter les fouliers quatre francs.

C'eft donc les proportions qui font
toute la richeffe , parce que c'eft par
leur feul moien que les échanges , &
par confequent le commerce fe peut
faire : Il feroit ridicule de faire de la
difference entre deux repas également
bons , parce que l'un auroit coûté
beaucoup & l'autre bien moins , en
pretendant établir un plus haut degré
de felicité dans celui pour lequel on
auroit debourfé davantage.

C'eft par le deconcertement de
cette harmonie que les quinze cens
millions de rente éclipfez en France
depuis 1660. fe font évanoüis.

Comme cette juftice qui doit être
entre deux Commerçans, qui ne tra-
fiquent uniquement que l'un avec
l'autre , fe doit étendre en plus de
deux cens Profeffions que renferme aujourd'hui la France, & qu'ils ont tous
un interêt folidaire de l'entretenir ,
parce que ce n'eft que d'elle feule
qu'

qu'ils peuvent obtenir leur subsistance & leur maintien : Il ne faut pas
qu'elle soit deconcertée en la moindre de ses parties, c'est à dire que le
plus chetif Ouvrier vende à perte ; autrement sa destruction, comme un
levain contagieux, corrompt aussi-
tôt toute la masse.

Il faut que cela se fasse non-seulement d'homme à homme, mais aussi
de païs en païs, de province en
province, de roiaume en roiaume,
& même d'année en année, en s'aidant & se fournissant reciproquement
de ce qu'elles ont de trop, & recevant
en contr'échange les choses dont elles sont en disette.

Cependant par une corruption du
cœur éfroiable, il n'y a point de Particulier, bien qu'il ne doive attendre
sa felicité que du maintien de cette
harmonie, qui ne travaille depuis le
matin jusqu'au soir, & ne fasse tous
ses éforts pour la ruiner.

Il n'y a point d'Ouvrier qui ne tâ-
che de toutes ses forces de vendre sa
marchandise trois fois plus qu'elle ne
vaut, & d'avoir celle de son voisin

pour trois fois moins qu'elle ne coûte à établir.

Ce n'est qu'à la pointe de l'épée que la justice se maintient dans ces rencontres ; c'est neanmoins dequoi la Nature & la Providence se sont chargées : Et comme ils ont établi des retraites & des moiens aux animaux foibles , pour ne devenir pas toute la proie de ceux qui étant forts , & naissans en quelque maniere armez, vivent de carnage : Ainsi dans le commerce de la vie elle a mis un tel ordre, que pourvû qu'on la laisse faire , il n'est point au pouvoir du plus puissant en achetant la denrée d'un miserable , d'empêcher que cette vente ne lui procure sa subsistance ; ce qui maintient également l'opulence , à laquelle l'un & l'autre sont redevables de leur subsistance proportionnée à leur état.

On a dit , (que pourvû qu'on laisse faire la Nature,) c'est à dire, qu'on lui donne sa liberté , & que qui que ce soit ne s'en mêle que pour y procurer de la protection , & empêcher la violence.

C'est neanmoins dequoi on a pris le contre-pied, n'y aiant point de moien ni de manieres, quelques épouventables qu'elles fussent, qu'on n'aie crû non seulement legitimes, mais d'être même la plus fine politique, pour ruiner cette harmonie, en attaquant ou acablant singulierement toutes les denrées les unes aprés les autres, par le moien des Partisans.

· Quand on a eu détruit un genre de biens, en sorte qu'il n'y avoit plus rien à faire pour les Entrepreneurs, qui causoient cette desolation sous pretexte de faire venir de l'argent au Roi, bien qu'il ne reçût pas la centiéme partie du mal que cela causoit, on transportoit les mêmes mesures aux autres genres de biens, qui n'étoient pas encore aneantis, en surprenant toûjours également Messieurs les Ministres ; en sorte que celui qui a plus ruiné de païs, & par consequent le Roi, est celui qui a mieux fait ses affaires.

La grande recompense attachée à de pareilles entreprises, qui donnoit moien de la partager avec des Protecteurs du premier degré , que l'on veut croire que l'on trompoit également, qui étoient neanmoins les premiers Ministres , jusques en 1661. comme il sera justifié ; depuis lequel tems, quoi que ces manieres aient sextuplé, les immeubles aiant été engloutis, quoi qu'ils eussent jusqu'alors toujours paru sacrez , on est tres-assuré qu'il n'y a eu que de la surprise ; cela faisoit qu'on se mettoit l'esprit à l'alambic, pour maintenir & augmenter cette manœuvre, & empêcher en même tems toutes sortes de remedes & d'obstacles que les Peuples y auroient pû aporter.

Ceci est trop public pour passer pour calomnie ou être revoqué en doute ; les quinze cens millions de rente constamment éclipsez , les terres en friche, plus de la moitié des Vignes du Roiaume arrachées , pendant que les trois quarts des Peuples ne boivent que de l'eau , arrêtent la grande vocation que les Interessez pourroient avoir à nier des faits aussi certains , & dont on leur est uniquement redevable ; & voici comme cela est arrivé.

C'eſt par le moien des Traitans, trop peu d'atention à la repartition des tailles, & trop au commerce des bleds, dont il faloit abſolument laiſ-ſer l'œconomie à la Nature, comme par tout ailleurs.

Il convient de faire un court détail de ces trois cauſes, & l'on verra que ce n'eſt pas ſans raiſon qu'on main-tient qu'ils ont fait plus de deſtruc-tion dans la France, que jamais les plus grands ennemis, & même tous les fleaux de Dieu dans leur plus grande violence : le ravage de ces Manieres aiant regagné par leur du-rée depuis 1660. ce qui pourroit pa-roître de plus violent dans ces mar-ques extraordinaires de la colere du Ciel.

CHAPITRE V.

POur commencer par les Tailles, dont on ne dira que peu de choſe, parce qu'on en a aſſez parlé dans le premier Tome, auquel ceux qui ſont curieux d'en aprendre parfaitement anatomie, pourront avoir recours, & dont ce qu'on va toucher ne sera qu'un abregé : Il y a auparavant que d'en parler une attention à faire, qui servira également pour cet Article & pour les deux autres.

Savoir, que tous les revenus ou plûtôt toutes les richesses du monde, tant d'un Prince que de ses Sujets, ne consistent que dans la consommation; tous les fruits de la terre les plus exquis, & les denrées les plus precieuses n'étant que du fumier d'abord qu'elles ne sont pas consommées.

Ce qui fait que les Païs les plus feconds n'étans point habitez, & par consequent cultivez à cause du petit nombre d'hommes, sont presque entierement inutiles à leur Prince.

Or du moment que, quoi que ces Contrées se rencontrent très-remplies de Sujets propres à faire valoir les presens de la nature, il est de leur interêt de ne rien consommer, & même sont mis dans l'impossibilité de le faire, le Païs ni le Prince n'en sont pas plus riches que s'il n'y avoit qui que ce soit ou peu de monde,

La terre devenant alors comme un herbage du plus grand produit, qui ne raporte rien à ſon Maître, lors que les bêtes que l'on met deſſus ſont emmuſelées & empêchées par cette violence de pâturer, ce qui ruine entierement l'herbage & les Proprietaires des bêtes, qui meurent auſſi-tôt par cette force majeure, bien loin d'engraiſſer.

Voila le portrait en racourci de la Taille dans les Provinces où elle eſt arbitraire, c'eſt à dire dans preſque les trois quarts du Roiaume, ſans qu'il y ait en aucune façon la moindre difference.

Et cela, par le moien de trois circonſtances qui l'acompagnent, & ne la quittent jamais un moment.

La premiere, ſon incertitude, tant dans l'aſſiete des Paroiſſes que ſur la tête de tous les Particuliers.

La ſeconde, ſon injuſtice d'être haute & violente, non par raport aux facultez des Contribuables; ce qui eſt neanmoins l'eſprit de ſon inſtitution, comme dans tous les païs de la terre, même les plus barbares & les plus

grossiers ; mais eu égard seulement au
plus ou moins de protection & d'é-
levation qu'un homme peut avoir,
pour s'en defendre lui ou ses Fermiers.

Et le troisiéme enfin , la collecte de
cet Impot qui étant trés-mal reparti,
une grande partie demeure en perte à
celui ou ceux qui sont chargez de ce
malheureux recouvrement ; & comme
chacun y passe à son tour , il tombe
à tour par consequent à tout le monde d'être ruiné tout à fait.

Pour reprendre chaque Article, &
montrer qu'il n'y eut jamais de plus
grands boureaux de la consommation.
D'abord l'incertitude qui commence
la danse , met dans l'obligation tous
les Sujets qui y sont exposez, de
s'abstenir de toutes sortes de dépenses,
& même de trafic qui fasse bruit.

Il n'y a qu'un ordinaire de pain
& d'eau qui puisse faire vivre un homme en sûreté de n'être pas la victime
de son voisin , s'il lui voioit acheter
un morceau de viande ou un habit
neuf ; s'il a de l'argent par hasard,
il faut qu'il le tienne caché , parce-
que pour peu qu'on en ait le vent,
c'est un homme perdu.

Par l'injustice qui est le second Article, il est fort naturel & fort ordinaire de voir une grande recette ne pas contribuer d'un liard pour livre ; pendant qu'un malheureux qui n'a que ses bras pour vivre lui & toute sa famille, est à un taux qui excede tout ce qu'il a vaillant ; ensorte qu'après la vente de quelques chetifs meubles, comme paillasse, couverture & utensiles propres seulement au travail manuel, on procede à la vente des portes, des sommiers & de la charpente des maisons.

Ce qui ruine ce pretendu privilegié, & le Roi par consequent bien plus, que si ce fonds presqu'exempt avoit païé six fois la taille où il est imposé, & qu'il en eût déchargé tout à fait ce malheureux ; parce que toutes les terres n'aiant du produit, ainsi qu'on a dit, qu'à proportion que les fruits qui y excroissent trouvent de la consommation, & ceux qui la pourroient faire en étant empêchez par ces manieres, ils tombent en pure perte, & les Maîtres n'en tirent pas les frais de la culture.

Et pour le faire voir sans crainte de nulle repartie, il n'y a qu'à jetter les yeux sur une infinité de grands domaines apartenans à des gens de la plus haute consideration, on les trouvera diminuez depuis 1660. qu'on a entierement abandonné l'attention à la juste repartition des tailles, sans renouveller ni faire observer les anciennes Ordonnances, qui ne parloient d'autre chose que d'y veiller continuellement : On apercevra que ces terres sont diminuées de moitié l'une portant l'autre, & quelques-unes davantage, pour servir de soute aux autres, afin que le tout soit sous le même niveau ; sans qu'on en puisse acuser sans fausseté l'excez de la taille dont ces terres n'ont jamais presque rien paié, & ce sera leur rendre un tres-grand service de leur en faire prendre leur juste part, pour décharger ces miserables ; puis que par là, la cause de la ruine de leurs fonds étant ôtée, ils reprendront incontinent leur ancienne valeur.

Et ceux qui ont quelque connoissance du détail en conviennent : mais

ils marquent en même tems qu'il faut
que la chose soit generale , sans quoi
une justice particuliere qu'ils pourroient faire , ne produiroit qu'une
hausse de paiement , sans nulle utilité
singuliere.

Et la Collecte enfin venant en sur-
taux sur des Sujets déja acablez , &
les constituant en quelque maniere
cautions & garans de paiemens , dont
le recouvrement d'une partie ne se
pourra jamais faire , acheve de les ruiner , & met le comble à leur desolation , ou plûtôt à leur desespoir ; ce
qui est le dernier degré de destruction
de la consommation , sans parler des
emprisonnemens , qui est une habitation , où une infinité de Collecteurs
de Tailles font plus de sejour que dans
leurs maisons , par la perte de leur
tems qui est tout leur revenu , ainsi
que celui du Roi & du Roiaume.

Ce desordre qui coûte plus de cinq
cens millions de perte par an à la
France , & la vie à autant de malheureux qui perissent, tant en santé qu'en
maladie , faute de nourriture & de secours , ainsi que de bâtimens qui les

puiſſent defendre des injures du tems,
aiant été en la plus grande partie dé-
truits par cette belle œconomie de la
Taille : Ce deſordre, dis-je, quelque grand & quelqu'éfroiable qu'il
ſoit, peut être arrêté en une demie-
heure de travail & quinze jours d'execution, puis qu'il n'eſt queſtion que
d'un ſimple acte de volonté du Roi &
de Meſſieurs les Miniſtres, comme
on expliquera mieux & plus particulierement dans le Chapitre du remede.

Il faut paſſer à la ſeconde cauſe de
la deſtruction des quinze cens millions
de rente, qui ſont les bleds, à l'égard
deſquels il faut rapeller ce qu'on a dit
ci-devant, que la richeſſe n'eſt autre
choſe qu'une jouiſſance entiere, non
ſeulement de tous les beſoins de la vie,
mais même de tout ce qui forme les
delices & la magnificence, pour leſquelles il faut avoir affaire avec plus
de deux cens Profeſſions, qui compoſent aujourd'hui les Etats polis &
opulens.

A cet éfet il eſt neceſſaire que tous
ces deux cens Métiers faſſent une
échange

échange continuelle entr'eux , pour
s'aider reciproquement de ce qu'ils
ont de trop , & recevoir en contr'é-
change les choses dont ils manquent;
& cela non seulement d'homme à
homme , mais même de pais à pais,
& de roiaume à roiaume , autrement l'un perit par l'abondance d'u-
ne denrée & la disette, pendant qu'un
autre homme ou une contrée sont
dans la même misere d'une façon toute oposée : C'est ce divorce qui forme
la misere generale , pendant que le
commerce reciproque qui auroit pû
se faire , auroit formé deux perfections de deux tres-grandes defectuo-
sitez.

Il y a encore une attention à faire,
qui est que ce desordre durera éter-
nellement , si ce trafic & cette échange si necessaire & si utile ne se fait
avec un profit reciproque de toutes
les parties, c'est à dire tant les Vendeurs que les Acheteurs , soit que le
commerce se fasse par le canal de l'argent , ou par troc de denrée à denrée , & celui qui pretend faire autrement , non seulement ruine son cor-

respondant, mais auſſi ſe détruit lui-
même.

Si le premier Laboureur trafiquant
uniquement avec le Paſteur, ne lui
avoit pas voulu donner aſſez de bled
pour ſe nourrir, pendant qu'il eût exi-
gé de lui tout ſon vêtement neceſſaire, tiré des depouilles des bêtes, non
ſeulement il l'auroit fait mourir de
faim ; mais il auroit lui-même peri
dans la ſuite de froid, en détruiſant le
ſeul Ouvrier de ce beſoin ſi preſſant,
ſavoir le vêtement.

Et cette harmonie d'une neceſſité ſi
indiſpenſable alors entre ces deux
hommes, eſt de la même obligation
entre plus de deux cens Profeſſions,
qui compoſent aujourd'hui le maintien de la France.

Le bien & le mal qui arrivent à
toutes en particulier, eſt ſolidaire à
toutes les autres, comme la moindre
indiſpoſition ſurvenue à l'un des
membres du corps humain, fait perir
bien tôt tout le reſte, & par conſéquent le ſujet, ſi on n'y met incontinent ordre.

Le deperissement qui arrive à une de ces deux cens Professions, n'est pas d'abord aussi sensible que celui qui auroit pû se rencontrer entre les deux premiers & uniques Ouvriers de la terre ; mais avec le tems , & en augmentant à vûë d'œil , il produit le même éfet qu'auroit fait l'autre.

Le Vendeur n'est donc que le Commissionnaire de l'Acheteur, comme l'Acheteur est mis dans le pouvoir d'acheter par le Vendeur, qui en doit faire autant de la denrée de ce premier Acheteur , ou immediatement ou par une plus longue circulation au moien de l'argent , toû ours aux conditions marquées , c'est à dire avec une utilité perpetuelle de tous ceux qui jouent un personnage sur ce theatre , c'est à dire tous les hommes du monde.

On a fait ce preambule, parce que la derogeance à cette regle à l'égard des bleds , coûte à la France depuis 1660. prés de trois à quatre cens millions de rente.

Comme cette denrée méne toutes les autres , qui la suivent pour ainsi dire toutes pied à pied , le mécompte qui s'y rencontre ne fait aucun credit, & embrassant aussi-tôt toutes Professions , il les coule à fond sur le champ.

Le Laboureur qui est leur Commissionnaire pour les faire subsister, vendant son bled trop cher , par un prix qui n'ait pas de proportion avec le prix du travail de ces deux cens Métiers ; voila une famine qui fait perir une infinité de monde , dont on n'a que trop fait d'experience ; & parfait contraire, le bled étant à vil prix comme aujourd'hui ne pouvant atteindre non seulement au paiement du Proprietaire, mais même aux frais de la culture , le canal necessaire pour faire passer cette manne aux mains des Ouvriers, qui n'ont d'autre revenu que leurs bras , est coupé ; savoir le Maître, qui n'est point paié : Et voila toutes ces deux cens Professions à sec , leur travail leur devient infructueux , comme les grains en perte à ce Laboureur ; en sortequ'il est par là mis hors de pouvoir non seulement de paier son proprietaire , mais même

de continuer à cultiver la terre , ce
qui en fait demeurer quantité en friche , negliger les engrais des meilleures , & prodiguer les grains à des ufages étrangers , comme nourriture de
beftiaux , fur tout les chevaux , &
confections des Manufactures , favoir les bieres & amidons ; ce qui à
la premiere année fterile ne manque
pas de produire une cherté extraordinaire , par où ces deux cens Profeffions reffentent la même mifere par
un excez tout opofé , pendant que la
compenfation de ces deux defordres
en eût formé deux grands biens ,
comme on a déja dit , fi un zele mal
fondé n'avoit pas procuré ce mal d'a-
viliffement de grains , qui enfante lui
feul l'autre extremité , favoir le prix
exhorbitant : Le remede eft aifé , &
en la main de Meffieurs les Miniftres ;
mais comme le manque de lumiere a
fait tomber dans ce defordre , dont la
connoiffance la plus groffiere & la
plus imparfaite , ne peut être aquife
que par la pratique du labourage , il
s'en faut beaucoup que ce foit l'efpe-
ce de ceux qui fe font mêlez depuis
1660. de cette direction.

E 3

Ils ont crû que cette manne coûtoit aussi peu à percevoir & faire venir, que celle que Dieu envoia dans le desert aux Israëlites ; ou tout au plus, qu'elle étoit comme des champignons, ou comme des trufles, qu'elle croissoit en tout son contenu à pur profit au Laboureur, & qu'à quelque bas prix qu'elle pût être, il gagnoit moins, mais ne pouvoit jamais perdre ; & qu'ainsi il faloit qu'une autorité superieure empêchât que les pauvres ne fussent la victime de son avidité.

C'est neanmoins cette autorité qui a tout gâté, aiant également ruiné les riches & les pauvres, dans l'une & dans l'autre extremité de cherté & d'avilissement de grains, qui se sont enfantez & s'enfantent même toujours reciproquement, comme on verra plus particulierement par le Chapitre qui est à la fin de cet Ouvrage.

Ainsi ces deux articles de desordre des Tailles & des Bleds coûtent la moitié des quinze cens millions de perte, arrivez au Roiaume depuis 1660. d'autant plus aisé à rétablir,

que ce n'a été l'éfet d'aucun interêt
particulier , mais seulement manque
d'atention dans l'un , & de trop d'a-
tention dans l'autre, savoir les grains.
Il n'y avoit qu'à laisser faire la Nature , comme par tout ailleurs , & la
liberté qui est la commissionnaire de
cette même Nature , n'auroit pas
manqué de faire une compensation
avantageuse , qui auroit formé un
très grand bien de deux très grandes
miseres.

Le surplus de quinze cens millions
de dechet, allant à environ huit cens
millions , est l'unique ouvrage des
Traitans , tant ordinaires qu'extraordinaires , quoi que le rétablissement soit beaucoup plus aisé du côté
de la Nature ; il est beaucoup plus
difficile de la part des personnes interessées au maintien de ce mal , quelqu'éfroiable qu'il soit ; & il en arrive
comme dans les maladies du corps
humain, qui sont d'autant plus dan-
gereuses quand elles attaquent les
parties nobles.

C'est une chose aujourd'hui si publique ; que quoi que ce fût un crime

autrefois d'être de part , & recevoir
des gratifications de gens d'affaires,
que personne ne s'en cache plus ; &
quoi qu'un savant Theologien ait
imprimé il y a trente ans , que c'est
risquer sa damnation , que de se faire
Partisan , les choses ont si fort changé depuis , que les personnes aujour-
d'hui de la plus haute pieté , ne s'en
font nul scrupule , non seulement d'y
prendre part , mais même de n'en pas
faire de secret.

Aparemment que l'ignorance où
ils sont, des maux qu'un pareil canal
des revenus du Prince , fait au Roi
& au Roiaume , les entretient dans
cette tranquillité. Ce qui ne seroit
pas , s'ils savoient que le Souverain
ne reçoit pas un sol par de semblables
moiens , qu'il n'en coute dix - neuf
sur vingt en pure perte aux Peuples,
par la ruine de la consommation , &
par conséquent de leurs biens : Ainsi
que la vie à une infinité de miserables , qui perissent manque de leurs
besoins.

Que l'on jette les yeux sur une contrée desolée , comme sur l'Election de

Mante , puifqu'on en a parlé; ce qui
prouve également pour le refte du
Roiaume , atendu que c'eft par une
caufe generale. Elle a perdu deux
millions quatre eens mille livres fur
les feules vignes ; ce qui fait plus de
dix millions de dommage par an fur
les biens , tant en fonds , qu'en induftrie , par contre coup : que l'on
en demande la raifon , jufqu'aux enfans au fortir de la mamelle , ils ne
begaieront point pour dire que c'eft
l'ouvrage des Traitans , aprenant par
là à parler de leurs parens.

Cependant la haute protection
que ces Meffieurs là ont , & qu'ils
fe favent procurer , fait qu'on les
refpecte fi fort , que pour leur contribution , pour la cotte-part de la ceffation de leur Miniftere , au retabliffement en deux heures des cinq cens
millions , dans la deftruction defquels , & même beaucoup davantage , ils jouent un fi grand rôle ; on
n'en veut pas congedier un feul , ni
leur ôter un cheveu de la tête , comme fi c'étoit les gens du monde les
plus neceffaires à l'Etat , loin d'être

ses plus grands ennemis , au témoignage de Monsieur de Sulli en parlant
à Henri IV. Ce qui n'empêche pas
qu'on ne montre, comme l'on va faire
voir dans le Chapitre suivant, que le
crime les a établis & maintenus jusqu'en 1660. depuis lequel tems , encore qu'ils aient quadruplé & sextru-
plé , ce n'a été que par surprise à l'é-
gard de Messieurs les Ministres , qui
n'avoient que de bonnes intentions,
bien que les malheurs operez par le
crime de leurs predecesseurs , aient
reçû la même hausse que leur nombre
& leurs fonctions.

CHAPITRE VI.

LEs Princes les plus riches & les
Peuples les moins chargez , sont
ceux chez qui les Impôts passent
droit des mains des contribuables en
celles du Monarque , & où il y a
moins de genres de Tributs , & par
consequent, de personnes emploiées
à ce recouvrement.

Ou plûtôt toutes les Nations du monde, tant anciennes que nouvelles, n'ont jamais connu que ces manieres, ainsi que la France, pareillement jusqu'au regne de François I.

Les Romains n'avoient pas si-tôt conquis un Païs, qu'ils y imposoient un Tribut. Qu'est-ce qu'étoit que ce Tribut ? C'étoit ou une somme par feu, c'est à dire cheminée, ou un dixiéme du revenu ; ce qui se levoit par des Receveurs ou Questeurs sans nuls frais, que des apointemens reglez à ceux qui faisoient cette recepte, & cette redevance de cheminées & de dixiéme a été long-tems l'unique redevance en France, ainsi que dans les autres Provinces qui y ont été jointes; ce qui est encore en Angleterre, & seroit encore en France, sans que cela n'enrichit que le Prince & les Peuples.

Ainsi nul deconcertement dans le Commerce, nul embarras dans le trafic des Peuples, & par conséquent ni Juges, ni Ordonnances pour ce sujet, dont on ne trouve pas la moindre trace chez tous les Ecrivains, qui nous ont laissé l'Histoire de tous ces Maîtres du monde.

Le Monarque Ottoman administre aujourd'hui une domination de douze cens lieuës d'étenduë, à le prendre presque de tous les côtez de la même façon.

Soixante & dix Receveurs repandus dans les diverses contrées, qui composent cet Empire, font toute la recette, & en comptent tous les trois mois à un Receveur General, residant dans la Capitale, qui raporte ensuite aux Ministres, sans que cela prenne plus d'une heure ou deux la semaine, de tout le tems des uns ou des autres.

Tous les Tributs de ce grand Empire, se terminent à deux genres uniquement; savoir, une legere Capitation, qui se paie également depuis les enfans de la mamelle jusqu'au plus grand âge, & les Doüannes sur les sorties & entrées des Etats du Prince singulierement. Ce qui a un taux certain; savoir, trois, cinq, ou dix pour cent, qui est le plus haut degré. Ainsi nul Juge, nulles Ordonnances;

nances ; parce qu'il n'y a nul procez
fur de pareilles matieres , non plus
que dans l'Empire Romain , ou plûtôt dans tous les Etats du monde.

Le Mogol a cinq cens millions d-
revenu, adminiftrez de pareille façone
ce qui fait qu'on en a une connoiffan;
ce parfaite ; cette Doüanne , dis je,
eft affermée foixante-huit millions
par un bail de deux lignes ; favoir que
tout ce qui fort & entre, doit la dixiéme partie en argent ou effence au
choix du Marchand : de façon qu'il
ne faut pareillement ni Juge ni Ordonnance pour les Impôts , parce
qu'il ne peut y avoir de procez.

En Angleterre prefentement , le
Peuple, que l'on fait être le moins
fouple de la terre , paie tranquillement le cinquiéme de tous fes revenus , dont l'affiette fe fait par les habitans de chaque Paroiffe, & la perception par les Miniftres ou Curez,
qui eft porté droit en recette , fans
frais & fans procéz.

Cependant , ce Peuple fi jaloux
de fa liberté , fe porte volontiers à
de fi hautes Contributions, non pour

defendre son païs , que l'on voudroit
envahir , mais par pure jalousie &
envie de la gloire du premier Prince
du monde ; parce que le Ciel le comble de benedictions , ainsi que sa famille roiale.

En Hollande la contribution des
Peuples pour une guerre qui a le même objet , va à la troisiéme partie des
revenus. Cependant , là non plus
qu'en Angleterre , on n'y voit nuls
pauvres , quoi que ces païs soient
beaucoup moins bien partagez par la
nature , que n'est pas la France,

C'est à dire , que qui que ce soit
n'y demande l'aumône en titre d'of-
fice , & il n'y a point de sujet si dépourvû qu'il puisse être , qui loin d'ê-
tre reduit au pain & à l'eau , n'use
de viande & de liqueur , ou de nouriture équivalente , ne soit vêtu de
drap & chaussé de souliers , la chaus-
sure de bois y étant tout à fait incon-
nuë.

Cependant ce cinquiéme en Angleterre , & même plus , & ce troisiéme en Hollande , de tous les revenus , s'exige & se perçoit , non seu-

lement fans procez & fans queftions,
mais même fans contrainte, executions ni emprifonnemens.

Bien que dans l'un & dans l'autre
de ces deux Etats, ce degré d'impôts
aille à plus de cent millions par an,
c'eft à dire, fur le pied de plus de
trois cens millions en France, par
raport de la différence des richeffes
naturelles de ces Contrées, avec celles de ce Roiaume.

Et c'eft auffi ce qu'il a paié, tant
qu'il a été adminiftré par les mêmes
principes que l'Angleterre & la Hollande, c'eft-à dire, quand le nombre des Impôts fe reduifoit à trois ou
quatre genres, étoient juftement re-
partis & paffoient droit des mains
des Peuples en celles du Prince.

Que ce difcours ne furprenne, ni
fouleve point les efprits ; la preuve &
la verification en vont être faites,
en parlant du Regne de François I.

Mais pour l'anticiper en quelqua
maniere, on dira que cela eft aifé à
fupofer dans une difpofition où il n'y
avoit que trois ou quatre genres de
Tributs, & cent ou fix-vingt per-

fonnes au plus , paiez par le Prince
pour les percevoir , & nuls Juges,
parce qu'il n'y avoit point de procez,
nulles terres en friches , ni nulles
denrées en perte au marchand.

Au lieu qu'à prefent il n'y a pas
moins de dix mille genres de Tributs,
y en aiant plus de cent cinquante fur
la feule adminiſtration de la Juſtice,
tous venus depuis 1660. dix mille
Juges pareillement , au moins , qui
n'ont d'autre fonction , que de deci-
der les procez , infeparables de pareilles manieres , & cent mille hommes emploiez à la perception , ou à
en pourſuivre le paiement ; fe paians
prefque tous par leurs mains avec la
liberalité que tout le monde leur connoît , c'eſt à-dire , que le dernier
des hommes croit pouvoir faire legi-
timement , & fait pour l'ordinaire
une fortune de Prince.

Le tout fans parler de la part du
neant qui en abforbe , comme on a
déja dit , qui naiffant fous les pieds
des pareils Entrepreneurs , en abforbe fur vingt parts , dix-neuf, n'en
paffant aux mains du Roi que cette

vingtiéme partie, sur laquelle il leur
faut encore pour leur particulier, les
preciputs marquez, ensorte que plus
de la moitié du Roiaume est inutile,
tant au Prince qu'à ses Peuples.

Que l'on ne quitte jamais de vûë
un moment les Vignes de Mante, qui
étant un Barometre d'une cause generale, prouve également pour tout
le Roiaume, & ceux qui se trouveront choquez par un pareil énoncé,
n'auront d'autre parti à prendre,
qu'un profond silence; autrement,
sur la moindre negative, ils s'atire-
ront plus qu'un simple soupçon d'a-
voir participé dans de pareils desordres, pour plus que par des surprises.

Mais pour revenir à la Gestion &
au Gouvernement de la France durant onze cens ans, on peut assurer
qu'elle a été regie depuis son établissement, jusqu'à la mort de François I.
arrivée en 1547. comme l'Angleterre
& la Hollande, ou plutôt comme
tous les Etats du monde.

Les Rois vivoient & subsistoient
magnifiquement de leurs seuls Domaines, hors les occasions extra-

ordinaires, comme des guerres qui pouvoient survenir, que leurs Sujets donnoient tous les secours necessaires par les canaux marquez de Dixiéme ou de Cheminées.

La Religion par des surprises assez connuës, s'est fait donner la plus grande partie de ces Domaines ; ce qui l'a entierement perduë, au raport de Gerson, parce qu'alors l'ignorance étoit si grande, qu'on ne connoissoit presque point d'autre pieté, que de donner ses terres & ses fonds à l'Eglise, jusques là que l'on avoit l'absolution en mourant de les avoir volées & enlevées de force aux legitimes possesseurs, lors qu'on en donnoit une partie aux Ministres de la Religion.

Outre que ces faits se trouvent raportez dans les Originaux, Mezerai Auteur celebre, en fait une ample mention avec des circonstances encore plus affreuses ; en sorte qu'on n'a crû rien faire d'extraordinaire d'en toucher quelques mots, pour obliger à faire attention aux acquisitions que font les mains mortes tous

les jours avec aplaudiſſement en
France, bien qu'elles ſoient defen-
duës dans tous autres Etats Chrétiens,
& que le Prince des Pais-Bas faſſe ſer-
ment en prenant poſſeſſion, que l'E-
gliſe n'aquierera rien de ſon regne, &
la Republique de Veniſe crut autrefois pouvoir & devoir entreprendre
une guerre contre Rome, juſqu'à ſe
faire excommunier pour ce ſujet.

Ces manieres qui firent bannir la
Religion Catholique de Suede dans
les ſiecles paſſez, pour retirer preſque
tous les biens du Roiaume, dont
elle s'étoit emparée, & les reünir à
la Couronne, dont ils font preſque
ſeuls l'entretien aujourd'hui, oblige-
rent les Rois de France de mettre
d'abord les Tailles ſur les Peuples,
qui ſe percevoient par les Peuples
mêmes, ſans aucun miniſtere étranger: Elles n'étoient pas perpetuelles,
mais ſuivant & à proportion des oca-
ſions.

On y ajoûta enſuite les Aides dans
les Villes franches, pour y tenir lieu
de taille, dont la perception ſe faiſoit
également par les Peuples, preſque

uniquement sur les Cabarets, tous les Nobles & Privilegiez en étant exérs, n'y aiant alors nuls droits d'entrée, ni de paſſage, mais ſeulement quelques droits de ſortie hors le Roiaume, ce qui ſe pratique par tout.

Les Gabelles ou l'Impôt ſur le Sel vint enſuite, c'eſt-à-dire que les Rois achetoient toute cette denrée des Proprietaires, qui la faiſoient fabriquer & la faiſoient revendre dans des Greniers, avec obligation aux Peuples de n'en point prendre ailleurs, quoi que ce fût à un prix trés-moderé, & qui étoit quatre fois moindre que celui d'aujourd'hui, quoi que le Prince en tirât beaucoup davantage par proportion & par raport aux taux où toutes choſes étoient dans ce tems-là.

Ainſi tout ſe reduiſoit à ces quatre ſortes de revenus preſque adminiſtrez ſans aucune main étrangere que celle des Peuples.

Il n'y avoit ni Miniſtres, ni Conſeil des Finances : la Cour des Aides de Paris ſe reduiſoit à quatre Officiers ; les Treſoriers de France à deux,

& l'Election de même, qui étoient plûtôt des Directeurs, que non pas des Juges de procez qui ne pouvoient jamais naître.

Et les Ministres du Prince n'avoient d'autre fonction que la dispensation, & nullement pour la perception, quoi qu'à present, quand les journées seroient six fois plus longues à leur égard qu'à celui des autres hommes, ils n'auroient pas la moitié du tems necessaire, ainsi que quantité d'autres personnes qu'ils apellent & associent tous les jours ; bien loin alors d'être acablez, & de sucomber presque comme aujourd'hui sous le faix, il étoit indifferent qu'ils fussent dans le Roiaume pour ce sujet, ou absens à deux ou trois cens lieuës.

La levée des deniers du Prince, qui étoit uniquement l'affaire des Peuples, n'en étoit pas retardée d'un moment, temoins Brissonnet & Devers, les deux premiers Ministres des Finances du Roi Charles VIII. qui l'aiant acompagné à la conquête du Roiaume de Naples dans un voiage qui dura vingt-deux mois, les recep-

res des deniers du Prince n'éprouve-
rent aucun retardement.

Voila comme les affaires étoient
administrées, c'est à dire, sans nul
emploi ni ocupation pour la perception des Finances, de la part de ceux
qui gouvernoient.

Il faut voir maintenant quel en
étoit le produit, & si les choses aiant
entierement changé uniquement en
France depuis ce tems, du tout au
tout, on peut soûtenir, sans renoncer à la raison, que ç'a été pour
l'avantage du Roiaume, tant par
raport à la quantité que le Prince reçoit, que de la facilité que les
Peuples ont à lui fournir ses redevances & ses besoins, tant à l'ordinaire que dans les conjonctures importantes, comme est celle d'aujour-
d'hui.

Le Roi François I. qui fut le dernier Regne où cette heureuse situation ne reçût point d'ateinte; savoir,
où les Peuples seuls se mêloient des
Impôts, qui se reduisoient à trois ou
quatre genres, ainsi qu'on a dit, &
non pas à dix mille comme aujour-

d'hui fans aucun miniftere étranger, à plus forte raifon fans donner de l'emploi à plus de cent mille hommes qui font prefentement cettefonction, avec une forte efperance, à l'exemple de leurs femblables, d'y faire une très - grande fortune, par la deftruction du Commerce & du Labourage, fi l'on ne veut pas dire par la ruine du Roi & de fes Peuples, quoi que ce foit la même chofe. François premier, dis - je, levoit feize millions de Tribut reglé dans fon Roiaume, qu'il laiffa tranquillement à fon fucceffeur, quoi qu'il poffedât un cinquiéme moins d'Etats que ne fait à prefent le grand Monarque qui regne.

Cela fe voit dans les Memoires de Monfieur de Sully imprimez, lequel avoit vû & vêcu avec les contemporains.

Or on maintient que les feize millions de ce tems fourniffoient au Roi François I. fur le pied de deux cens quarante millions : en forte que s'il avoit joüi de ce qui a été reuni à la France depuis, il auroit eu trois

cens millions de rente , fans qu'il y
eût rien manqué.

Que l'on marche encore une fois
bride en main fur le pretendu ridicule
de ce fait ; il eft veritable dans tout
fon contenu, & ce qui va fuivre en
va faire convenir ceux-mêmes qui auront plus de defagrément à paffer un
pareil aveu , par raport à l'interet &
à la part qu'ils ont aux manieres que
l'on pratique.

Les Peuples , fous François I.
paioient deux cens quarante millions
d'aujourd'hui ; parce que pour fournir cette fomme de feize millions,
il leur faloit vendre la même quantité de denrées qu'il feroit neceffaire
pour paier à prefent deux cens quarante millions , & le Roi jouiffoit de
deux cens quarante millions , parce
qu'avec cette fomme , ceux à qui il
les diftribuoit, fe procuroient le même degré de leurs befoins , qu'ils
pourroient faire à prefent avec deux
cens quarante millions.

Toutes chofes n'étoient qu'à la
quinziéme partie du prix qu'elles
font aujourd'hui.

Pour

Pour en convenir, il n'y a qu'à jetter les yeux sur les Ordonnances de Police imprimées dans ce tems-là, on verra que le bled est apprecié à vingt sols le septier, mesure de Paris, qui doit être & a même été depuis trente ans, l'un portant l'autre, à quinze ou seize francs, quoi que le partage en ait été tres-mal fait, aiant été tantôt une fois plus haut, & tantôt une fois plus bas, qui est une des principales causes de la misere de la France; bien que ce ne soit rien moins que l'éfet du hasard, mais d'un zêle aveugle & d'une pieté mal comprise : ce qui étant aisé à retablir, sera la principale ressource dans la conjoncture presente, pour la fourniture des quatre-vingt millions.

Mais pour revenir à la parité des seize millions du Roi François I. avec deux cens quarante millions d'à present, on soûtient que de dire que ce n'est pas la même chose sans aucune difference, c'est soûtenir que le Roi S. Loüis qui ne donnoit que six mille livres à sa fille en la mariant à un Roi de Castille n'étoit pas plus riche qu'un

mediocre homme de boutique aujour-
d'hui dans Paris , qui donne souvent
plus que cette quantité d'argent à un
gendre de même métier que lui.

Il faudroit pareillement dire qu'un
maître Maçon qui gagnoit quatre deniers par jour, il y a trois cens ans,
dans Paris , comme l'on voit par des
Regiſtres publics de ce tems là , donnoit tout ſon tems & toute ſa peine
pour moins que demie livre de pain
par jour ; & comme il n'y eût pas eu
ſeulement aſſez pour déjûner , il faloit que pour le ſurplus lui & toute ſa
famille demandaſſent l'aumône , ſi
ces quatre deniers ne ſuffiſoient pas
pour avoir autant de denrées que l'on
ſe procureroit à preſent avec trente
ſols.

On ne pouſſera pas plus loin le ridicule de ceux qui voudroient ſoûte-
nir qu'il y eût de la diſparité entre les
ſeize millions du Roi François I en
revenu reglé , tant dans la cauſe que
les effets , & deux cens quarante millions d'à preſent.

Mais pour faire voir que la ſuite &
la dependance de ſon regne repondoit

à une pareille richeſſe , il n'y a qu'à
jetter les yeux ſur ce qui ſe paſſa de
ſon tems.

Perſonne n'ignore que preſque
durant tout le tems qu'il vêcut , c'eſt
à dire , pendant plus de trente ans,
il eût toutes les mêmes puiſſances
conjurées à la ruine de ſon Roiaume,
qu'éprouve aujourd'hui la France.

L'on ſait encore que toutes , au
lieu d'obeïr à differents Princes ,
comme à preſent , ſe reduiſoient à
une ou deux têtes ; ſavoir l'Empereur Charles-Quint & ſon frere Fer-
dinand, Roi de Hongrie : l'Angleterre ſe mit ſouvent de la partie ; le
Pape & les Venitiens de même ; il
n'eſt pas juſqu'aux Suiſſes qui lui declarerent la guerre , & ſur laquelle
Nation tres - belliqueuſe , il obtint
l'unique & la plus grande victoire
qu'aucun Prince ait jamais rempor-
tée ſur eux.

Avec tout cela , non-ſeulement il
ne perdit pas un pouce de terre , aug-
menta conſiderablement ſon Domaine, ſur tout en Italie , mais même on
peut dire qu'il avroit conquis tous les

G 2

païs de ſes ennemis , qui ne lui pouvans reſiſter à force ouverte , ſi ils
ne lui euſſent pas corrompu , non
ſeulement ſes Princes, ſes principaux
Officiers , mais même juſqu'à ſon
Conſeil , ce qui ſeul lui fit perdre la
liberté à la bataille de Pavie , le Du-
ché de Milan , le Roiaume de Naples , & même l'Empire.

Bien loin que tant d'ennemis lui
fiſſent retrancher ſon autre depenſe,
jamais Prince n'avoit été plus magnifique avant lui , ſoit en achats de
meubles precieux , puis qu'il donna
d'une ſeule tapiſſerie vingt-deux mille écus , revenans à près d'un million
d'aujourd'hui, que Charles-Quint ſon
adverſaire ne pût paier, quoi qu'il en
eût envie, & que le Marchand, comme Flamand , fût ſon ſujet ; ſoit en
conſtructions de Palais ſuperbes.

De plus , il retablit les Lettres dans
ſon Roiaume , & même dans l'Europe , aiant fait venir tous les habiles
gens en toutes ſortes de Sciences , par
de grands frais , & les entretenans de
groſſes penſions.

Comme l'Imprimerie ne faiſoit

alors que de commencer, les Exemplaires des meilleurs & plus rares Auteurs étoient en Manuscrit, dont l'ignorance des Siecles precedens avoit tres-mal pourvû la France ; c'est ce qui l'obligea à faire encore une depense effroiable, tant par l'envoi de Gens à ce connoissans dans les Contrées les plus reculées du Levant, que pour l'achat de ces mêmes Manuscrits, qui coûterent souvent des sommes considerables.

Deux ans avant sa mort, bien loin que tant de guerres, dans lesquelles il avoit bien souvent éprouvé de tres-mauvais succez, l'eussent épuisé, & mis son Roiaume à bout, il équipa une Flote de deux cens voiles, aussibien fournie de monde & d'armemens qu'elle pourroit être aujourd'hui, en n'y épargnant rien, avec laquelle il ravagea les Côtes d'Angleterre, & conquit l'Isle de Wicht, sous le Regne de Henri VIII. le Prince le plus riche, le plus puissant & le plus acredité & autorisé que jamais cette Isle ait vû dominer sur elle, qui fut obligé de battre en retraite, ne lui

G 3

aiant pû opofer à un pareil nombre de voiles. Les Armées n'étoient pas à la verité à beaucoup prés fi nombreufes qu'aujourd'hui, mais elles ne coûtoient pas moins : un Gendarme, dont il y en avoit bien plus grand nombre, tiroit affez pour nourrir quatre hommes & quatre chevaux, qui étoient autant d'aides dans les conbats ; & la paie d'un fantaffin revenoit à plus de quarante fols d'aujourd'hui, ne l'étoit pas qui vouloit, on choififoit, & tous avoient un Goujat ou un Valet ; cela fe voit dans les Memoires imprimez d'un nommé Boivin Courier du Cabinet, qui a fait imprimer le Détail des Guerres de Piémont.

Et le Roi François I. en mourant en 1547. loin d'être acablé de dettes, dont il n'avoit que très peû, il laiffa quatre millions d'argent comptant : quelques-uns même difent huit ; mais s'en tenant au premier, c'eft plus de foixante millions par raport au prix d'aujourd'hui.

Toutes ces magnificences & toutes ces depenfes furent-elles opérées

en foulant ſes Peuples , & par le
moïen de contraintes , d'executions
& d'emprisonnemens ?

Rien moins que cela ; & pour en
convenir , il ne faut que l'écouter
parler en ſon lit mortel (voici ſes dernieres paroles , raportées par un Con-
temporain) à Henri II. ſon Fils &
ſon Succeſſeur. ,, Saches , mon Fils ,
,, que je te laiſſe un beau Roïaume ,
,, rempli des meilleurs Peuples qui
,, ſoient ſur la terre ; non ſeulement
,, ils ne m'ont jamais rien refuſé ;
,, mais même ils ont toûjours preve-
,, nu mes beſoins : Mais ſache auſſi
,, en même tems , que je ne leur ai rien
,, demandé que de juſte , & que de
,, ma connoiſſance je n'ai jamais fait
,, violence à perſonne ; car ſache ,
,, mon Fils , que ce ne ſera point ni le
,, grand nombre de Troupes , ni les
,, Armées formidables qui te feront
,, craindre à tes ennemis , mais ſeule-
,, ment l'amour que tes Sujets auront
,, pour toi ; outre cet avantage , ce
,, te ſera une grande conſolation ,
,, quand tu auras à comparoître de-
,, vant Dieu , comme je vas faire dans

» peu d'heures , de n'avoir rien fait
» que de juste.

Ce Testament étoit veritable au
pied de la lettre , vû les sommes & les
manieres dont on usoit en France,
pour tirer sur le pied de trois cens millions d'aujourd'hui.

Quelque difference qu'il y ait assurément dans la réussite , il s'en trouve encore mille fois davantage dans
le ceremonial du recouvrement d'à
present.

Par le premier, il n'y avoit que trois
ou quatre sortes d'Impôts, & dans le
second, il y en a plus de dix mille : &
s'il ne s'en trouve pas davantage, c'est
parce qu'il ne se rencontre plus de
personnes pour les établir, parce que
n'y aiant plus rien à détruire , il n'y a
par conséquent rien à gagner. Tout
passoit droit sans embarras de Province à autre , & même des deux extre-
mitez du Roianme , & à present il y
a trois à quatre cent d'Impots par
cent d'une Contrée limitrophe dans
la voisine, & même fait petit tour,
qui est un Tribut que les Nations les
plus barbares n'ont jamais demandé à

leurs plus grands Ennemis ; ſans parler de la multiplicité de Bureaux , qui
eſt un redoublement & triplement de
mal. Les Corſaires d'Alger & de Ma-
roc aiant pris un Vaiſſeau Chrétien,
le rendent au Proprietaire pour le tiers
de ſa valeur , afin de ne le pas ruiner
& de le reprendre une autre fois ; par
un interèt public qui reſide dans le
Divan ou Conſeil ; Au lieu qu'un
Traitant en France ne ſe ſoucie pas
que tout periſſe après lui , pourvû
qu'il faſſe ſa fortune.

Sous François I. il n'y avoit que
les Peuples qui ſe mêloient du recouvrement, & cela ſans frais ; & à preſent il y a plus de cent mille perſonnes
qui vivent & s'enrichiſſent deſſus ,
c'eſt-à-dire aux dépens du Roi & des
Peuples.

Et ce qu'ils tirent même pour leur
ſubſiſtance, eſt dix-neuf fois moins
violent que ce qu'ils aneantiſſent de
biens , puis qu'il eſt conſtant qu'ils ne
levent pas plus de huit cens millions,
que leur ſeul miniſtere a abîmez , &
dont plus de cinq cens peuvent reſſuſ-
citer en un moment, quand on vou-

dra bien ouvrir les yeux fur un pareil
menage : & afin de ne pas gendarmer
les Acteurs , on repete encore ce que
l'on a déja dit , que l'on ne congediera
pas un feul des Entrepreneurs ordinaires ; on traitera avec eux pour
quelques feuls adouciffemens de leur
confentement.

Voions par quels degrez cette heureufe fituation du Regne de François
I. a commencé à decliner, & eft enfin
arrivée à fon comble, comme on
peut dire qu'elle eft aujourd'hui : la
feule reconnoiffance de la caufe du
mal, fera tout le remede par fa ceffa-
cuon, ces deux chofes étant infeparables dans un Art comme eft le gouvernement des Peuples, c'eft à dire
que le remede d'un mal n'eft jamais
que la ceffation de fa caufe, quoi que
on ait allegué pitoiablement, que
l'Auteur du premier Ouvrage fur ce
fujet, avoit trouvé le principe du defordre, mais n'avoit pas trouvé le remede ; ce qui eft une impertinence
achevée, puis que l'un ne va jamais
fans l'autre : non plus qu'il ne peut y
avoir de montagne fans vallée.

CHAPITRE VII.

ON est obligé de dire un mot avant que de parler de la premiere atteinte que reçût l'heureuse situation du Regne de François I. & des precedens, de la maniere dont la dispensation des revenus du Prince se faisoit.

Chaque année portoit necessairement ses charges, parce que chaque fonds avoit sa destination, à laquelle on ne touchoit jamais, & la levée étoit plus ou moins grande, suivant les besoins de l'Etat au pied de la lettre.

Il n'y avoit point de renvoi de la charge d'une année ; ce qui a fait depuis une confusion éfroiable, parce que par ces renvois d'année sur autre, tout étant consommé, souvent deux ou trois ans avant qu'il soit dû & échû, & survenant des besoins necessaires & inopinez, il faut avoir recours à des manieres ruineuses pour le Prince & pour ses Peuples, comme des emprunts à gros intérêt, & autres choses encore plus desolantes.

Voila la premiere breche par où les Traitans se donnerent entrée pour offrir leur malheureux ministere, lequel comme une pelote de nege, a toûjours grossi, jusqu'à ce qu'enfin il soit parvenu à son comble, comme on peut dire qu'il est aujourd'hui.

Ce qui neanmoins ne seroit pas arrivé, si des personnes puissantes, comme on va dire, ne s'étoient mises de la partie, pour participer au gain éfroiable que faisoient de pareils Entrepreneurs, à la ruine du Roi & de ses Peuples.

Monsieur Fouquet, dans ses Défenses imprimées & signifiées au conspect du celebre Tribunal devant qui il avoit à repondre, atteste cette verité, *qu'il n'y avoit jamais de renvoi de charges d'une année à l'autre*, dont la pratique cessée, a fait toute la confusion des finances, aiant établi le pouvoir de pêcher en eau trouble, par l'impossibilité où l'on étoit de découvrir les fraudes & les surprises parmi de si grandes tenebres.

Lors

Lors de la prison du Roi François I. les Enfans de France aiant été donnez en ôtage ; pour les retirer, il falut paier leur rançon, estimée à douze cens mille écus d'or, valans quatre millions de ce tems-là, c'est-à-dire plus de cinquante millions d'aujourd'hui.

On ne s'avisa point d'avoir recours aux Traitans, aux Partisans, encore moins à des constitutions de rentes sur le Prince, qui est la même chose que si les Peuples se constituoient eux-mêmes, puis qu'il leur tombe également en charge de paier le capital & les interêts, quoi qu'on s'aveugle assez aujourd'hui pour croire le contraire, & l'on regarde fort indifferemment les dettes que le Prince contracte ; en sorte qu'on aime mieux que le Monarque constituë sur lui un million de rentes à un denier ou interêt éfroiable, que non pas qu'il demandât un écu à chaque particulier, qui seroit bien fâché d'ailleurs, s'il est sage, de se constituer pour le paiement des arrerages de ses dettes, ou pour sa dépense ordinaire, puis que cette conduite l'envoieroit bien-tôt à l'aumône ; cependant , que le Roi ou lui en usent de la sorte , c'est également la même chose, quoi qu'encore une fois, qui que ce soit n'y fasse pas la moindre reflexion.

Mais pour revenir à la rançon des Enfans de France, cette somme éfroïable ne se pouvant trouver dans les revenus ordinaires, les Peuples ne balancerent pas un moment à se cottiser à un dixiéme de tout leur revenu; Ce fut chaque lieu, c'est à-dire chaque Ville ou Village qui fit l'imposition, la repartition, la collecte & l'aport en recette, après que la masse avoit été partagée par tous les Députez des Provinces, au niveau des precedens Impôts qui en faisoient la regle.

On en usa de même en plusieurs autres rencontres, & ce dixiéme avoit été paié plus d'une fois, ainsi que sous le Roi Jean : Ce qui est l'usage de toutes les Nations du monde , le tout sans ministere étranger, autorité superieure , ni aucuns frais.

Mais il faut enfin venir à la fatale époque où ces heureuses manieres

prirent fin, pour donner naiſſance
à celles qui ont enfin reduit la France
en l'état où elle eſt,& non point tous
ſes Ennemis, dont elle ſe moquera
toûjours, étant plus puiſſante elle ſeule que toute l'Europe enſemble , lors
qu'elle emploiera toutes ſes forces,
c'eſt-à-dire quand elles ne ſeront pas
énervées par des meſures qui lui font
plus de dommage que ſes plus redou-
tables adverſaires : Ce qui peut être
operé par deux heures de travail ; &
cela au ſentiment de Tacite, qui a dit
& publié il y a plus de quinze Siécles,
Galli ſi non diſſenſerint, vix vinci poſſunt:
Que la France eſt invincible lors
qu'elle ne ſe fera point la guerre à
elle-même , comme on peut dire
qu'elle ſe fait depuis 1660. d'une maniere éfroiable ; & pour en convenir,
il n'y a qu'à jetter les yeux ſur ſes
Campagnes deſolées, ou plûtôt la
perte de la moitié de ſes richeſſes , &
il faudra convenir que ſes plus grands
Ennemis n'auroient jamais pû lui
produire un pareil ravage, ni lui
cauſer tant de dommage dans leurs
plus grandes victoires.

H 2

Pour entrer donc en matiere sur la naissance de la cause de sa ruine, ce fut sous le Regne du Roi Henri II. Succeffeur de François I. que les premiers fondemens en furent jettez.

Catherine de Medicis qu'il avoit épousée fort jeune, & n'étant encore que Duc d'Orleans, étoit une Prinéeffe qui aimoit la magnificence & la trés grande profufion, c'eft-à-dire qu'elle fe plaifoit à depenfer plus que ne portoient fes revenus ordinaires, ainfi il lui falut avoir recours à des moiens étrangers.

Sa beauté, fon efprit & fa fecondité la faifant extrêmement confiderer par le Roi fon Epoux, & lui laiffer par confequent un degré d'autorité neceffaire à changer l'état des chofes: Ce fut alors que les Italiens qui étoient à fa Cour, & dont quelques uns étoient fes proches parens, lui offrirent leur fervice pour ce fujet, c'eft.à dire d'avancer de l'argent fur de nouveaux Impôts ou Creations, traitans à forfait d'une nouvelle affaire, dont ils favoient bien que le Roi auroit la moindre partie, & eux le

taſte, qu'ils partageoient avec elle,
comme l'on verra dans la ſuite.

La creation des Preſidiaux que l'on
éclipſa des Parlemens ſans aucun dé-
dommagement, & des Lieutenans
Criminels, dont on ôta les fonctions
aux Lieutenans Civils, ſe trouvent
en premiere datte, & voila la premiere gráine d'une ſemence qui a tant
provigné par la ſuite.

Comme il falut donner des gages
à tous ces nouveaux Officiers, & même aux Lieutenans Civils pour les
dedommager en quelque maniere de
cette nouvelle érection; ce fut plus
de cinquante mille écus de rente, auquel le Roi ſe trouva conſtitué.

Il ſe fit encore beaucoup d'autres
nouveautez trop longues à detailler;
& s'il n'y en eut pas davantage, ce
ne fut pas manque de bonne volonté
du côté de la Reine.

Le Connetable de Montmorenci,
qui avoit la principale part au Conſeil, ne lui permettoit pas de tailler
en plein drap.

Après la mort du Roi Henri II,
ſon Mari, ce fut à peu prés la même

H 3

chofe; l'intention ne manqua pas à la Reine, mais les Princes de Guife qui avoient grand'part au Gouvernement, à caufe de Marie Stuard leur Niece, Epoufe du Roi regnant François II. & ces Princes étans d'ailleurs tres populaires, & par confequent trés ennemis des nouveautez, quelque grande vocation que Catherine de Medicis eut pour de pareilles affaires, qui lui étoient pareillement infpirées par les Italiens, il falut qu'elle en prit par où elle pouvoit, & non pas fuivant fa volonté.

Mais enfin aiant été delivrée de cette entrave par la mort du Roi François II. qui arriva bien tôt aprés, elle n'eut ni repos ni patience qu'elle n'eût renvoié Marie Stuard fon Epoufe, dans fon Ifle.

Et cela, par une derogeance à la plus groffiere politique, puis qu'aiant encore trois Fils à marier, & ces fortes de difpenfes étant aifées à obtenir entre Souverains, il étoit des interêts de la France de fe conferver une Reine qui poffedoit actuellement le Roïaume d'Ecoffe, & étoit heritiere presomptive des deux autres Monarchies d'Angleterre & d'Irlande, qui étoit la raison pour laquelle on avoit pris tant de peine, & fait de très-grands armemens pour la faire venir dans sa plus grande jeunesse.

On marque cette chasse, pour montrer ce que l'on doit attendre du zele pour l'interêt public, lors qu'il se trouve en compromis avec l'utilité particuliere & personnelle, comme le cas est arrivé une infinité de fois depuis ce tems ; il n'est pas étonnant que ce dernier ait toûjours eu la preference, puis qu'une Reine & une Mere y succomba dans une occasion si importante, & que l'envie de gouverner & de dépenser l'emporta sur l'établissement de ses Enfans, contre la gloire & l'agrandissement d'un Roiaume, dont elle avoit l'honneur de porter la Couronne, dont toutes les aparences sembloient ne lui devoir jamais promettre un si haut degré de grandeur ; ce qui devoit l'exciter à en marquer plus de reconnoissance.

Comme ce sacrifice, encore une fois, du bien public à l'interêt particulier, est la principale & peut-être l'unique cause de la ruine de la France, on s'est étendu sur cet article, afin que l'on ne s'étonne point si l'on s'est laissé aller tant de fois à une pareille foiblesse, puis qu'une personne qui sembloit avoir pardevers elle un bien plus violent preservatif pour l'empêcher d'y tomber, ne laissa pas d'y être prise dans une si importante ocasion, & voila la clef de la diminution, ou de la perte des biens de la France.

Toutes les Couronnes du monde, sur la tête d'un des Fils de Catherine de Medicis, ne l'eussent pas dedommagée de la privation d'une partie du gouvernement que Messieurs de Guise se seroient retenuë au moïen de leur Niéce, comme par le passé, il la falut renvoier au plutôt; aprés quoi la Regence lui aiant été acordée sous le Regne du Roi Charles IX.

Ce fut à ce coup que cette Reine se trouvant en quelque maniere émancipée, donna pleine carriere à ses profusions, & par consequent à des affai-

ces nouvelles, par le moien de Meffieurs les Italiens.

Les Etats Generaux qui fe tinrent
dans ce tems, comme c'étoit la coûtu-
me, firent affûrément leur devoir. Les
Deputez de tous les Ordres furent
chargez par toutes les Provinces, de
reprefenter que les Traitans & Partifans étoient des Voleurs publics, qui
ruinoient le Roi & les Peuples.

Comme ces Affemblées n'étoient
ordinairement convoquées que pour
avoir des fecours extraordinaires, tous
les Deputez unanimement, marquoient qu'il n'y avoit point de moien
plus court & plus certain de recouvrer de l'argent, que de reprendre le
bien des Italiens & de leurs Conforts,
l'aiant volé au Prince & au Roiaume,
& les renvoier aufli gueux dans leur
Païs, qu'ils en étoient venus, n'aians
tous rien vaillant de notorieté publique à leur arrivée.

Un Auditeur des Comptes qui fut
entendu dans les Etats fit voir que
de chaque écu que le Roi recevoit
par un pareil canel, il n'y en alloit
que quatorze fols à fon profit.

Comme tout ceci se trouve imprimé, & peut être vû de tout le monde,
on n'avance rien que de trés-certain,
ni qui puisse être soupçonné de calomnie, ou de discours seditieux.

Mais pour revenir à Catherine de
Medicis, toutes ces rémontrances
n'opererent rien, elle continua son
même genre de vie, & même après
que le Roi Charles IX fut declaré
majeur, elle se retint par son adresse la
principale part au gouvernement ;
pour à quoi parvenir, les Historiens
l'acusent d'avoir fomenté les dissen-
tions du Roiaume, ou plutôt les
Guerres civiles, afin de se rendre nécessaire, mettant un jeune Monarque
hors de pouvoir par son peu d'experience, de demêler de pareilles diffi-
cultez.

Ce qui est un surcroît de preuves,
ce que peut l'interêt particulier sur celui du Public ; Comme l'occasion
s'est souvent presentée, & que ce dernier a toûjours eu le dessous, on ne
doit pas s'étonner de la ruine de la
France, ni que l'on en mette la principale cause sur ce compte.

Le Roi Charles IX. étant mort en 1574. Henri III. quitta la Pologne pour venir prendre la Couronne.

Par malheur il se rencontra pour la dépense, & même la plus superfluë, d'un semblable caractere que la Reine Catherine de Medicis, si même il ne la surpassa pas; puis qu'aux seules nôces du Duc de Joieuse, il en coûta douze cens mille écus, qui reviennent à plus de dix millions d'aujourd'hui.

Comme cette disposition se trouva jointe avec bien plus grande autorité que celle d'une Regence, & que les mêmes Italiens subsistoient, pour lui fournir les mêmes moiens d'y donner cours comme par le passé, on peut dire qu'alors les choses furent poussées dans l'excez.

Et cela alla à un si haut degré, que les Pourvoieurs de sa Maison n'étant point du tout paiez, refuserent absolument de rien fournir davantage; en sorte qu'elle eût été tout à fait sans ordinaire, si le tiers Etat ne s'étoit obligé à paier personnellement les Interessez.

Ce fut toûjours la même confu-
fion & le même defordre jufqu'à fa
mort.

Le Roi Henri IV. étant venu à la
Couronne, comme il s'y introdui-
foit de la maniere qu'il pouvoit, ainfi
qu'il déclaroit fouvent lui - même,
c'eft à dire avec mille peines & mille
embarras, le Roiaume étant plûtôt
une conquête à fon égard qu'une fucceffion, il n'étoit point du tout en
état de reformer, ni de trouver à
redire dans tout ce que ceux qui
étoient chargez du foin des Finances faifoient, quoi que trés - de-
fectueux & trés - rempli de préva-
rication.

Mais en 1594. ne fachant plus où
donner de la tète feulement pour vivre, & étant obligé d'aller manger
chez le tiers & le quart, comme on
voit par des Lettres imprimées qu'il
écrivoit à Monfieur de Sully : Ce même Monfieur de Sully, lors âgé de
trente-huit ans, & aiant paffé toute fa vie à la Guerre, & non dans les
Finances, ne balança point à prendre fon parti.

Ij

Il fit remarquer à ce Monarque, que c'étoit les Traitans & les Partisans qui le reduisoient en ce pitoiable état ; sur quoi le Roi lui aïant reparti, par quelle raison donc le Surintendant & son Conseil les souffroient & admettoient-ils ? Monsieur de Sully lui dit, que c'étoit parce que le même Surintendant & tout son Conseil étoient de moitié avec tous ceux qui le desoloient, ainsi que ses Peuples. Et pour lui justifier une si violente accusation, il lui fit voir un Catalogue de tous les Interessez dans les Fermes Generales, où le Surintendant d'O, les Intendans des Finances & les Conseillers d'Etat étoient à la tête, ainsi que dans les autres affaires particulieres ; les unes & les autres s'ajugeant également devant eux ; ce qui les rendoit Juges & Parties.

Le Grand Duc de Toscane, parent de Catherine de Medicis, avoit trouvé le métier si bon, qu'il s'étoit mis de la partie : ce qui est une certitude que la Reine y avoit eu sa part.

. Le Duc de Sully ajoûta, qu'il y
avoit un moien de l'enrichir, favoir,
que tous les Tributs paffaffent droit
des mains des Peuples en celles du
Prince.

. Le Roi aiant fait voir ce projet à
fon Confeil ; Tous lui repartirent,
que c'étoient des fous qui lui infpi-
roient de pareilles manieres : A quoi
il repartit fur le champ, qu'eux qui
étoient trés-fages l'aiant ruiné, il
vouloit voir fi les fous ne l'enrichi-
roient pas, ce qui ne manqua pas
d'arriver, & lui de le publier par la
fuite ; favoir, que les fages l'avoient
apauvri, & les fous rendu opulent.

En éfet, aiant chargé Monfieur
de Sully du foin de fes Finances, quoi
quoi que trésinexperimenté dans cette fcience, à parler le langage d'aujourd'hui ; Cependant fon ignorance fut fi heureufe, qu'en dix ans il
paia deux cens millions de dettes fur
trente-cinq millions de revenu qu'a-
voit feulement le Roi alors, & en
amaffa trente fur ces trente-cinq millions de revenu d'argent fait, repof-
tez dans la Baftille, qui s'y trouverent à la mort de Henri IV.

Mais les Italiens ou les habiles Financiers, étant remontez sur le theatre, à l'aide de Marie de Medicis, déclarée Regente sous la Minorité du Roi Louis XIII. & à peu prés du même caractere que Catherine pour la depense, les trente millions furent consommez, sans qu'il y eût aucune Guerre étrangere, ni autres occasions extraordinaires ; au lieu qu'ils avoient été amassez par Monsieur de Sully en partie, pendant qu'on avoit la Guerre avec l'Espagne, qui s'empara comme l'on sait, tant par surprise qu'autrement, de plusieurs Places considerables presque aux portes de Paris, sans qu'on allegât lors de son entrée dans le ministere, par des manieres nouvelles la pitoiable raison qu'on aporte aujourd'hui, que la Guerre n'est pas propre à aucun changement, l'administration du dedans du Roiaume n'aiant absolument rien de commun, non plus que celle de la Justice, avec ce que les Armées font au dehors. Et comme il seroit ridicule de dire, que l'on ne peut pas faire gagner la cause à un homme

I 2

qui a l'équité de son côté, par la raison de la guerre qui est en Italie & en Espagne ; il est de la même absurdité de se dispenser par cette raison, de partager justement les Tributs, tant sur les personnes que sur les denrées, dont le derangement coûte au Roiaume plus vingt fois que le Roi n'en tire, & par consequent beaucoup davantage qu'il ne faudroit pour faire finir la même Guerre ; ainsi ces objections sont le contraire de ce que la raison la plus grossiere devroit dicter : Mais il en va de ces allegations, comme dans tous les mauvais procez, celui qui a tort n'a d'autre ressource que chicaner pour reculer le jugement.

On a fait cette disgression, parce que de pareilles objections sont aujourd'hui le cheval de bataille ordinaire, dont on combat le rétablissement de la France, en se retranchant sur le delai, pour arrêter des manieres qui font horreur au Ciel & à la Terre, pendant qu'absolument il ne faut que deux heures, Monsieur de Sully n'en aiant pas emploié davantage pour établir son projet au milieu de la guerre.

Mais pour revenir à la chronique du ministere de Marie de Medicis, les Italiens aiant replongé le Roiaume en l'état où Monsieur de Sully l'avoit tiré, il leur fut ôté de la façon que tout le monde fait, c'est-à dire un peu violente, quoi que tres-juste au fond.

Le Cardinal de Richelieu vint peu de tems aprés sur les rangs ; & sans entrer dans le détail de son ministere, on dira seulement que tous les revenus du Roiaume doublerent de son tems, ainsi que ceux du Roi, auquel n'aiant trouvé que trente-cinq millions de rente, il en laissa soixante & dix à sa mort.

Les Italiens revinrent à la charge, & recommencerent leurs manieres sous une Regence, par de pareilles pratiques que sous Marie & Catherine de Medicis.

Ils y trouverent des opositions sans nombre & toutes constamment pour le service du Roi durant sa minorité : Il ne faut point dire, quoi qu'on ait donné un autre jour & une

autre interpretation à ce qui se passa
alors, que c'étoit par un esprit de rebellion ; puis qu'outre le temoignage
du Roi François I. qui marque, *qu'il*
n'y eut jamais de Peuple plus soûmis ;
de celui de Guichardin Historien Ita-
lien, qui parlant de la Bataille de
Fornove, où la personne du Roi
Charles VIII. se trouvant en peril,
toutes les Troupes se rassemblerent
aussitôt autour de lui, *parce que, dit-il,*
cette Nation aime son Roi jusqu'à l'a-
doration : Outre, dis-je, ces preuves
autentiques, on ne pouvoit pas acuser les Contemporains de vouloir fermer leur bourse au Souverain, puis
qu'ils avoient vû tranquillement tripler les Tailles en moins de trente
ans, parce que c'étoit des sommes qui
passoient droit des mains des Peuples
en celles du Prince.

C'étoit aux Traitans & aux Partisans à qui ils en vouloient, qui ruinoient tout pour leur profit particulier, étant apuiez des Ministres avec
qui ils partageoient.

Ce sont les propres termes de la
Harangue de Monsieur Amelot Pre-

mier Prefident de la Cour des Afdes
de Paris , concertée avec toutes les
Compagnies, ou plutôt avec tous les
Peuples.

Comme elle fe trouve imprimée
dans les Recueils de ce tems-là , &
qu'il y a peu de Biblioteques qui
n'aient donné place à ces fortes de
Livres, quelque forte qu'elle foit , ne
faifant que citer ce qui eft déja public ; & que l'on croiroit d'ailleurs
trahir les interêts de la caufe que l'on
defend , fi on obmettoit la moindre
de fes raifons , l'on ne fe fera aucun
fcrupule de la raporter.

Il dit donc en parlant à la Reine
Regente. ,, Que les affaires extraordi
,, naires & les Partifans n'avoient été
,, inventez & mis en pratique, que
,, pour ruiner le Roi & les Peuples,&
,, former des profits indirects aux
,, Miniftres , parce qu'ils ne pou-
,, voient rien prendre fur les Tributs
,, reglez , fans qu'on s'en aperçût,
,, qu'il ne faloit point neanmoins
,, emploier d'autre moien dans les ne-
,, ceffitez de l'Etat , & impofer fur
,, les Peuples tous les befoins du Roi

,, dans les occasions , & puis les ôter
,, quand elles étoient passées.

En un mot il fit voir par les termes
de sa Harangue, que les Partisans
étant constamment la cause de la ruine du Commerce & du Labourage, qui
est un merite que personne ne leur
contestera jamais , & dont ceux qui
sont sinceres parmi eux ne discon-
viennent pas : il est certain que le
champ & la vigne des Ministres de
ce tems-là , étoient la destruction des
champs & des vignes.

Quoi que le mal ait toûjours augmenté du depuis, ensorte qu'on peut
dire sans contredit qu'il est enfin arrivé à son comble ; comme il n'y a eu
que de la surprise de la part de Messieurs les Ministres, qui sont venus
depuis 1660. ces faits tres-certains,
bien loin de les offenser , leur feront
un sensible plaisir , en leur faisant
quitter une route qu'ils croient tres-
innocente, & par consequent avantageuse au Roi ; & cela , sur la foi
d'Auteurs qu'ils pensoient remplis
d'integrité , bien que ce fût justement le contraire,

Mais pour verifier ou plutôt fortifier la Harangue de Monsieur Amelot, ce au qui se passa à la Chambre de Justice au conspect de toute la France], & pour ainsi dire contradictoirement avec les Parties interessées, montre qu'il n'en dit pas encore assez.

Un des Chefs d'accusation contre ce Ministre, étoit qu'il avoit pris part dans les affaires du Roi, soit par des pensions des Fermiers Generaux & Particuliers, soit par des parts qu'il se retenoit dans les Partis, l'un & l'autre étant un crime, suivant les loix de toutes les Nations du monde.

Mais quand il vit qu'on le prenoit sur ce ton là, bien loin de demeurer muet, non seulement on ne l'en put convaincre bien clairement, mais même retorquant en quelque maniere l'argument contre ses Parties à proprement parler, il fit voir que le Ministre, dont il n'étoit en quelque sorte que le Commis, avoit eu part dans toutes les affaires extraordinaires qui s'étoient faites de son tems, qu'il avoit une pension de quarante mille écus sur les Fermes Generales, & que dans

toutes les affaires particulieres , qui
que ce ſoit ne lui en avoit jamais
propoſé aucune que l'argent à la main
ou par avance , où dans la ſuite il en
nomme quantité de cette ſorte , &
même quelques-unes dont ce Miniſtre s'étoit fait ſeul Traitant.

La perfection eſt que l'Accuſateur
ou plutôt l'Accuſé, declare qu'il n'en
diſoit qu'une partie, & que l'on n'eût
pas à l'échaufer davantage , autrement qu'il diroit bien d'autres choſes,
ou plutôt feroit l'Hiſtoire de la vie du
Cardinal Mazarin, ce qui ne lui cau-
ſeroit pas beaucoup d'honneur, quoi
que ſes Parties en vouluſſent faire un
Saint en matiere d'integrité.

Tout ceci ſe ſignifioit & s'impri-
moit publiquement aux yeux de tout
le Roiaume , & demeura neanmoins
ſans repartie ; ce qui s'apelle un ac-
quieſcement en Juſtice, puis que cela
ſe paſſoit devant un Tribunal où
étoient actuellement les parties en
procez pour cette ſeule queſtion.

Les vingt millions que ce Miniſtre
avoit laiſſez pour porter ſon nom, ne
furent point baſtans pour obliger à

en defendre l'honneur, comme cela n'eût pas manqué s'il ne s'étoit pas agi de combatre une verité connue de tout le monde.

Ce n'est pas tout, Monsieur Fouquet maintient, que sous tel Maître tels Disciples; qu'ainsi toutes les personnes considerables, tant de la Cour, du Conseil, qu'emploitz dans l'administration des Finances, menoient le même genre de vie; & pour ne laisser aucun doute, il les nomme tous l'un aprés l'autre, ainsi que les sortes d'affaires où ils avoient pris part: On s'abstient de les declarer plus precisément pour des considerations; mais ceux qui seront curieux de le savoir, l'aprendront facilement par la lecture du Procez de Monsieur Fouquet, dont il y a peut-être plus de deux mille Exemplaires imprimez en France, & qui se vendent publiquement chez les Libraires par occasion; en sorte qu'il n'y a point de reprise à faire contre l'Auteur de ces Memoires, puis qu'il n'aprend rien, mais ne fait que citer ce qui est connû de tout le monde.

Et on auroit d'ailleurs grand tort
de se formaliser après la mort de ces
Messieurs de ce discours; puis qu'eux
de leur vivant, qui voioient & entendoient tout, & même à quelques-
uns desquels on le signifioit en forme,
n'en firent aucune reprise, aiant toujours conservé la même tranquilité
ou prudence, qui avoit paru dans les
Heritiers du Maître sur de semblables
allegations.

Enfin Monsieur Fouquet termine
son Catalogue ou son Plaidoier, par
declarer qu'il n'y avoit rien de nouveau en tout cela ; que tous les Ministres & toutes les Personnes emploiées dans l'Administration, en
avoient toûjours usé de la sorte, que
les Rois mêmes le trouvoient bon,
sous pretexte que cela leur fournissoit
les moiens de soûtenir la dignité de
leurs emplois.

Voila les Fondateurs de la preference donnée aux Affaires extraordinaires & aux Partisans, sur les Tributs
reglez passans droit des mains des
Peuples en celles du Prince, comme la
France avoit été regie durant onze
cens

cens ans , & comme le font tous les Etats du monde , tant anciens que nouveaux.

La certitude que ce changement coûte la perte de la moitié des biens du Roiaume en pur aneantiſſement, n'y aiant point de Traité qui n'abî- me vingt fois autant de denrées, qu'il fait paſſer de profit dans les cof- fres du Prince : Cette certitude, dis-je, ou plutôt la cauſe du Souverain & des Peuples , qui ne ſont point deux choſes ſeparées, étoient dans de mau- vais termes , d'avoir à defendre leurs intereſts devant des gens qui étoient Juges & Parties, contre toutes les re- gles de la juſtice & de la raiſon.

Et le pretendu zele pour le bien de l'Etat , que l'on voudroit ſupoſer avoir été aſſez grand dans leur per- ſonne, pour preferer le bien general à leur utilité particuliere , lors qu'ils ſe trouvoient en compromis devant eux, & qu'il s'agiſſoit de donner leur ju- gement , ne peut être penſé ni alle- gué raiſonnablement aprés Catherine de Medicis , qui ſuccomba à la tenta- tion, comme on l'a dit, dans une occasion bien plus importante , quoi qu'elle eût de bien plus forts intérêts, & personnels & publics , de n'avoir pas cette foiblesse.

Outre que ce qui s'est passé en plusieurs autres rencontres , ne montre que trop lequel des deux en pareils procez a toûjours perdu sa cause.

Mais enfin quelque forte vocation qu'eussent ces Messieurs de faire leurs affaires aux depens du Roi & des Peuples, il s'en faloit beaucoup qu'ils taillassent en plein drap ; la volonté y étoit toûjours toute entiere , mais le pouvoir souvent y manquoit.

Les Parlemens & les Compagnies s'étoient conservé l'autorité de faire des Remontrances lors des établissemens , qui aians pour principes ceux qu'on vient de marquer, eussent fait un trop notable prejudice au Roi & aux Peuples.

Voila le Palladium ou le Dieu tutelaire qui avoit conservé la France depuis la supression des Etats Generaux qui avoient cette fonction auparavant, & qui s'en étoient si bien acquittez, que jamais Monarchie, depuis la

creation du monde, n'a été de si longue durée ni si florissante, aiant fourni
au Monarque dans les besoins trois
fois plus que les manieres oposées, sa-
voit les Partisans, n'ont jamais fait
dans les necessitez les plus urgentes,
comme peut être celle d'aujourd'hui.
Il ne faut que le Regne de François I.
pour fermer la bouche aux contredisans, & à eux & à leurs protecteurs.

Ces Etats avoient si bien fait, &
les Compagnies Superieures après
eux, qu'ils avoient fait doubler tous
les trente à quarante ans les biens du
Roiaume, ainsi que ceux du Roi, &
cela jusqu'en 1660, malgré les traver-
ses qui leur étoient données par ceux
dont on vient de faire l'histoire, & qui
commencerent il y a déja plus d'un
Siecle à faire suprimer les Etats Generaux.

Outre les raisons que ce détail fait
assez presumer pour en user de la sorte, on n'a qu'à jetter les yeux sur les
Harangues prononcées publiquement, au conspect du Roi & de tout
le Roiaume, pour voir comme les
Traitans & leurs Fauteurs sont ac-

commodez, pour convenir par quel
interêt ces Assemblées conserva-
trices du Roiaume ont été aneanties.

Mais enfin les Compagnies Superieures y avoient supléé, & avoient
produit à peu prés la même utilité;
en sorte que la France se trouvoit en
1660. en l'état le plus florissant
qu'elle se fût jamais vûë : le même
sort à cet égard de remontrance que
l'on leur à fait subir, en a fondé la dé-
cadence, que l'on peut dire aujour-
d'hui être arrivée à sa perfection du
côté des facultez des Peuples seulement ; non de leur zele, ni même du
pouvoir naturel du Commerce & de
la culture des Terres : puis que pour
ne pas souffrir les esprits un moment
dans une idée si desagreable, la plus
grande partie peut être retablie en
deux ou trois heures, par la simple
cessation de la plus grande violence
que la Nature ait jamais soufferte depuis la creation du monde : & cette
proposition est faite de la part des
Peuples mêmes, aux conditions déja
tant de fois marquées, que si toute
objection que l'on pourra faire, soit

pour le tems, soit pour le peril, ne soit
pas une preuve & une montre évi-
dente d'une extravagance & d'une
prevarication achevée ; l'Avocat con-
sent d'être lui même traité comme un
insensé, & c'est ce qu'on verra dans
la suite invinciblement, ainsi que l'impossibilité de sortir autrement de la
conjoncture presente, aprés qu'on aura dit un mot de cette supression de
remontrance & des circonstances qui
ont reduit la France depuis 1660. au
malheureux état où elle se trouve, de
ne pouvoir plus fournir les besoins du
Roi, quoi que beaucoup au dessous de
ce qu'elle avoit contribué autrefois,
& de ce qu'elle peut faire encore une
fois par deux heures seulement d'attention.

CHAPITRE VIII.

VOici en 1660. ou 1661. l'assemblage des deux plus grands con-
tradictoires unis ensemble qui se ren-
contrerent jamais ; savoir, une tres-
grande integrité dans le Ministere, &
un tres-grand desordre dans l'administration.

K 3

Les Tributs reglez comme les Tailles, passant droit des mains des Peuples en celles du Prince tres negligées ; ce qui avoit déja été commencé sous le ministere precedent ; & les affaires extraordinaires, ou plutôt les Traitez & les Partis portez au comble de leurs vœux. Cette negligence des Tailles de dessein premedité, afin que le desordre les rendant insufisantes à atteindre aux besoins de l'Etat, cela donnât lieu aux affaires extraordinaires, par pure surprise du Ministre, qui étoit tres integre.

Aucune denrée ne devint exempte; nul lieu, nul passage ne se pût plus rencontrer sur une route, qu'il ne falût donner des declarations, & paier des Tributs, par des sejours uniquement pratiquez par des Commis pour tout faire consommer en frais encore trois fois plus ruineux que les sommes mêmes.

Ce n'est pas tout, on vit plusieurs Traitans d'Impôts sur une même denrée, principalement les Liqueurs, dans un même lieu & pour un même Prince, ce qui sembloit devoir porter sa reprobation avec soi, puis qu'aiant leur fortune telle qu'on l'a vûë, à prendre par preciput, ainsi que les frais de Bureaux & de Commis, & ceux-ci chacun les embaras & les séjours des Voituriers à emploier à leur profit, les aiant érigez en revenu par l'exigence de contributions particulieres pour l'exemption ; outre que ces preciputs, dis-je, étoient autant d'enlevemens ou larcins que faisoit au Roi, tout ce qui se leve sur les peuples, & ne passe point directement entre ses mains, ne pouvant être apelé autrement.

Mais c'est là le moindre désordre de pareilles manieres, parce qu'au moins si cela n'avoit point eu d'autre mal, il n'y auroit rien eu d'ancanti, & la seule justice se seroit trouvée uniquement blessée : mais les suites d'une pareille conduite sont & ont été quelque chose de bien éfroiable.

Comme la richesse consiste dans une échange continuelle de ce que l'un a de trop avec un autre, pour prendre en contr'échange celles dont celui avec qui il traite abonde ; da moment que cette facilité manque, ou plutôt ce commerce, un Païs devient aussi tôt misérable, au milieu de l'abondance.

Or il faut que cette heureuse situation s'arrête, du moment que les proportions en sont ôtées, & qu'un Commerçant, sans qu'il importe lequel des deux, ne pourroit faire l'échange ou le troc qu'à perte, par raport aux frais qu'il a falu faire pour l'établir, auquel cas voila aussi-tôt le marché rompu ; ce qui desole également l'une & l'autre partie, & a incontinent aprés une suite éfroiable de misere, parce que l'opulence d'un Etat, surtout de la France, consistant dans le maintien de toutes les Professions, au nombre d'aujourd'hui de plus de deux cens, leur existence est reciproquement solidaire, se donnant à tous momens, & recevant pareillement la vie les unes des autres.

Ce sont les fruits de la terre, & en premier lieu les Grains & les Liqueurs qui commencent le mouvement, qui passans par le canal des Maîtres & Proprietaires aux mains des

Ouvriers, ils donnent en contr'échange le fruit de leur travail, toûjours aux conditions marquées de proportions qui faffent trouver le compte à tout le monde, fans quoi le moindre déconcertement devient auffi-tôt contagieux, & corrompt toute la maffe.

C'eft la crainte d'un pareil défordre qui fait jetter aux Hollandois le Poivre dans la mer, & qui fait donner aux Anglois de l'argent aux depens du Public, à ceux qui viennent du dehors enlever les bleds dans l'abondance.

Et c'eft neanmoins le contraire par une furprife éfroiable, que l'on bâtit & fomente tous les jours en France, par toutes fortes d'éforts depuis 1660, qui eft uniquement la caufe des quinze cens millions de perte, arrivée au Roiaume depuis ce tems.

Les bleds ont éprouvé & éprouvent à chaque moment ce fort : Mais comme il n'en eft pas queftion prefentement, & que l'on en a déja parlé, comme l'on en fera encore mention, lors qu'il s'agira du retabliffement possible en deux heures, on vient aux Liqueurs, qui sont la seconde manne primitive du Roiaume, tant pour la subsistance des Peuples, que pour leur former du revenu ; l'excedent de la consommation personnelle dans les Proprietaires, leur fournissant le molen de se procurer le surplus de leurs besoins, comme pareillement aux ouvriers de ces mêmes besoins, le canal pour se pourvoir de Liqueurs.

Or ce qui s'est fait depuis 1660. a condamné les deux tiers des Peuples à ne boire que de l'eau, parce que la plûpart des Proprietaires des Vignes ont été obligez de les arracher, & reduits par là à la derniere misere.

Voici comme la chose est arrivée ; Ces Liqueurs, tant Vins, Cidres & Eaux-de-Vie, qui passoient avec profit reciproque des mains des Maîtres en celles des Ouvriers & Acheteurs, furent obligez tout à coup de recevoir une hausse éfroiable de prix, pour porter le profit des Traitans, ainsi que ce qu'on donnoit au Roi, qu'on a toûjours augmenté presque à tous les Baux, les frais des Bureaux & Com-

mis, les séjours ruineux que les voitures étoient obligées d'endurer , pour
acquiter ces Droits en divers lieux, ou
bien pour racheter ce même séjour,
tout cela devant être porté par la
Marchandise , ce qui la mettant à un
taux exorbitant, & ceux qui en faisoient leur provision auparavant, n'y
pouvans atteindre par le fruit de leur
travail ; ce fut une necessité ou de s'en
passer , ou de l'avoir du Marchand à
une perte considerable de sa part ; ce
qui est toûjours égal pour l'un & pour
l'autre, par les raisons marquées, & par
consequent la ruine d'un Etat ; ce
qu'on ne peut nier être aujourd'hui
la situation de la France, non plus que
ce ne soit de pareilles causes qu'elle
est provenuë.

Enfin les choses vinrent dans un si
grand excez en 1677. qui fut une année trés abondante, que les Vignerons
ou Marchands aiant voituré des vins
par une riviere en une Foire d'une
Ville considerable, & le nombre excedant la consommation, (quoique dans
les tems precedens, elle eût été six fois
plus forte avec profit ; en sorte que

ces Marchands ne trouvans pas à
beaucoup prés le prix de l'Impôt qu'il
avoit falu garantir & promettre par
avance en abordant, ils volurent qui-
ter aux Traitans leur denrée en pure
perte, ne demandans qu'à s'en retourner libres de leur obligation : mais
ceux - ci declarerent que ce marché
leur seroit trop prejudiciable , & que
tout ce qu'ils pouvoient faire de plus
favorable, étoit que les bâteaux re-
pondissent pareillement du droit , &
qu'ils s'abstiendroient d'exercer leur
contrainte sur les personnes.

Il ne faut pas consulter l'Oracle
pour convenir que c'est à de pareilles
manieres que la France est redevable
de sa ruine : mais afin qu'on ne revo-
que point de pareils faits en doute, qui
sont neanmoins tres-constans, ce qui
se passe tous les jours en France dans
plusieurs de ses Provinces, est d'un pareil degré d'honneur , bien qu'ils se
soûtiennent nuit & jour avec la derniere exactitude , l'autorité du Roi &
de Messieurs les Ministres y étant pareillement emploiée , par la plus
grande des surprises.

L'on

L'on sçaura que toutes les Denrées du Japon & de la Chine étant arrivées en France, n'augmentent de prix qu'elles ont coûté sur le lieu, que des trois parts sur une ne faisant que quadrupler, & même souvent moins.

Les Droits des Princes d'où elles sortent, & qui n'ont point d'autres revenus que ces Doüanes trois à quatre mille lieües de trajet, les tempêtes & les Pirates, ne coûtent que cette somme à conjurer.

Mais les Liqueurs qui viennent d'une Province à l'autre, quoi que souvent limitrophe, augmentent de dix-neuf parts sur vingt & même davantage.

Les Vins que l'on donne dans l'Anjou & l'Orleanois souvent à un sol la mesure, & même moins, c'est à dire avec perte du Vigneron, se vendent vingt & vingt-quatre sols dans la Picardie & Normandie, & il n'y a pas encore trop à gagner pour les Marchands : C'est à dire, que les Commis & Traitans qui empêchent ce trajet, sont six fois plus formida-

L

bles & plus deſtructeurs du Commerce , que ne ſont pas les Pirates , les tempêtres & trois à quatre mille lieuës de route ; en ſorte que les Liqueurs croiſſant aux portes de ceux qui ne boivent que de l'eau , ils ſont obligez d'être dans cette miſere , ou de l'acheter ſix fois plus que ſi les Liqueurs venoient de la Chine & du Japon; ce qui ruine egalement les Marchands & les Acheteurs par les raiſons marquées , & par conſequent le Roy.

Comme le premier mobile de tout ce beau menage ſont ceux qu'on apellé les Fermiers du Roy , on peut appercevoir par tout ce narré , qui ne fait mention que d'une partie du déſordre , dont on peut voir le ſurplus *au premier Tome* , ou plutôt ce qui eſt public aux yeux de tout le monde: On peut voir , dis je , comme ce nom de Fermier du Prince convient peu à ces Meſſieurs ; puiſque le devoir & la Fonction d'un homme qui tient une recette , étant de cultiver & de faire valoir le fonds le plus qu'il eſt poſſible, eux au contraire ont cru ne pouvoir mieux faire le profit du Maitre , qu'en

detruifant tout, & caufant plus de ravages que des Armées ennemies qui
auroient entrepris de tout defoler. Ces
excez ou ces fleaux de Dieu n'ayans
qu'une courte durée, aprez quoi un
Païs facagé, fe remet incontinent
aprez fouvent mieux qu'auparavant,
ainfi que l'on a déja dit plufieurs fois.

Mais il n'en va pas de même de
ceux ci ; aprez que dans un Bail le
plus aparent ou le plus groffier a été
détruit, les fucceffeurs n'y peuvent
faire leur compte que par un rehauf-
fement de Droits, qui diminuans encore la confommation, augmentent
par conféquent la ruine & des Peuples & du Roy, qui n'a d'autre bien
que les fonds de fes Sujets, lefquels
ne le peuvent paier qu'à proportion
des fruits qui croiffent deffus, & qui
peuvent être confommez, fans quoi
ils demeurent en perte, & font abandonner la terre, comme il n'eft que
trop connu.

Et pour un fi important fervice,
ces Meffieurs font des fortunes de
Prince ; & pour aneantir cent fois
plus de biens qu'ils n'en font paffer

aux coffres du Prince , ils meritent
d'avoir mille fois plus de facultez
qu'ils ne poſſedoient en ſe mettant en
beſogne.

Voilà pour les Aides que l'on ſçait
joüer un ſi grand Rôle dont la ruine
de la France , & dont la ceſſation ſans
nuls riſques & perils , aura une ſi
grande part dans le retabliſſement des
cinq cens millions de bien aux Peuples , ſans qu'il ſoit beſoin de plus
d'une demie heure d'attention, comme
on fera voir dans la ſuite.

On vient aux Doüannes , Droits de
Paſſages & Sorties du Roiaume , ſur
leſquels on peut dire d'abord que c'eſt
à peu prez le même ceremonial , même deſolation & même extravagance,
par erreur an fait dans Meſſieurs les
Miniſtres , qu'à l'égard des Aides.

Il eſt à remarquer encore que celles
qui ſe paient dans le milieu du Roiaume de Province à autre , comme repu-
tée étrangere , ſont indignes & font
honte à la raiſon.

Elles avoient été établies lorſque
ces Contrées apartenoient à des Princes autres que les Rois de France;

mais étant depuis dévoluës à la Couronne, & n'y en aiant aucune qui ne
cauſe des vexations éfroiables par des
ſejours ruineux des Voituriers, &
qui ne deſolent par conſequent le
Commerce & la conſommation :

Elles ont dû être ôtées, & le produit tout au plus remis avec les autres Tributs, comme la Taille ; cè
qui fait étant, comme cela eſt poſſible en un moment, le Païs y gagnera cent pour un, dont le Roy aura
amplement ſa part, c'eſt à dire trois
fois plus qu'il ne recevoit.

La Doüane de Valence doit ſa naiſſance à un crime que le malheur des
tems fit tolerer, & que par conſequent le retabliſſement de l'ordre devoit abolir.

Lors des Guerres Civiles de la Religion, le Connétable de Leſdiguie-
res s'étant rendu Chef du Parti des
Huguenots dans cette Contrée, éta-
blit cet Impôt par la force majeure
ſans aucune autorité du Prince, pour
l'entretien de ſes Troupes ; & aprez
que les choſes furent pacifiées, des
interêts perſonnels, contraires à ceus

de l'Etat, l'ont maintenu jufqu'à prefent.

C'est ces mêmes abus qui les ont
fait maintenir & augmenter tous les
jours à vuë d'œil , & par confequent
la ruïne du Roiaume : ce qui a été
fi loin pour les Droits de Sortie,
quoi qu'on fçache que la richeffe
d'un Etat confifte dans les Envois au
dehors , qu'il ne s'en trouve jufqu'à
vingt fix dans un feul Port de Mer,
c'eft à dire vingt-fix Droits ou Declarations à paffer à diverfes Perfonnes
ou différents Bureaux , avant qu'un
feul Vaiffeau puiffe decharger ou
mettre à la voile , & emporter ou
debarquer les Marchandifes chargées.

Il n'y a pas un de ces Receveurs de
Droits ou Declarations, qui ne veüille faire fa fortune : Ils fçavent bien
tous que ce ne peut être par le moien
de leurs gages , qui font fouvent
tres mediocres ; ce n'eft donc que
par les vexations telles & femblables que l'on a marquée à l'Article
des Aides : Ce qui va fi loin, qu'un
celebre Négociant, pour être quitte

d'un coup de chapeau que doit le
Vendeur de certaines Denrées avant
que de les livrer, par une ancienne
Ordonnance, on ne fçait fur quoi
fondée ; pour être quitte de cette
fervitude, ou plutôt de ces accom-
pagnemens qu'on avoit foin de cultiver comme le refte, il donnoit quinze cens livres par an en pure perte,
qui n'aloient point affurement au
profit du Roy, non pas même de fes
pretendus Fermiers ; encore vouloit
on lui perfuader que l'on lui faifoit
grace : Ainfi on peut juger du refte
par cet échantillon.

C'eft par de pareilles manieres, dont
ceci n'eft que la moindre partie,
que les Etrangers, lefquels de compte fait auparavant 1660. prenoient
une fois plus de Marchandifes du
Roiaume qu'ils n'en aportoient, en
ont depuis ce tems introduit deux
fois plus qu'ils n'ent ont enlevé,
c'eft à dire que la France eft deve-
nue redevable de creanciere qu'elle
étoit.

Mais comme d'abord les Peuples
qui voioient que l'on les minoit

peu à peu, & qu'ils étoient comme brulez à petit feu, ne marquoient pas une entiere complaisance pour des manieres qui les desoloient, & qu'ils faisoient agir les Compagnies Superieures par des remontrances sur de pareils établissemens, en faisant voir qu'ils portoient un tres-grand prejudice au Roy, & n'étoient utiles qu'aux Entrepreneurs ; qu'elqu'integre & quelqu'éclairé que fut le Ministre, il crut que c'étoit un atteinte à l'autorité du Roy, & une derogeance au respect du par des Sujets à leur Souverain.

Il fit abroger les remontrances par l'Ordonnance de 1667. qui établissoit, que tout Edit qui seroit presenté, seroit accepté & executé par provision, sauf à en remontrer aprez la surprise ; ce qui étoit tout à fait inutile, parce que chaque nouveauté se fortifiant de Patrons, personne ne s'en voulu rendre ennemi, outre que les longueurs, pendant que le mal faisoit son cours, rendoit vaines toutes les poursuites.

Cette même Ordonnance fut encore

renouvellée en 1673. Voila la fon-
dation & le couronnement des quinze
cens millions de rente perdus dans
le Roiaume depuis environ quarante ans.

Et la ruine de la France qui avoit
été tentée inutilement pendant plus
d'un Siecle & demi , comme on l'a
fait voir , ne put avoir sa perfection
qu'en y emploiant l'autorité du Roy
toute entiere , sans quoi on n'en fût
jamais venu à bout.

En éfet , si lors d'un premier Droit
établi sur l'entrée des Boissons & Liqueurs dans une Ville de grande consommation , sur la présentation d'un
second par un nouveau Traitant, nouveau Bureau & nouveaux Cómis, avant
que d'en souffrir l'introduction , on
avoit remontré que cela étoit contraire aux interêts du Roy ; parce qu'outre que ces nouveaux frais n'alloient
point à son profit , c'étoit un surcroit
d'empêchement à la consommation
qui étoit détruite par ces manieres,
sans nulle utilité à personne ; & que
si Sa Majesté vouloit hausser la levée , il faloit qu'il n'y eût qu'un En-

cheriffeur ; Sçavoir , celui qui en diroit le plus , qu'un Bureau , qu'une
Recette , & par conſequent qu'un
embaras au Commerce. Sur de pareilles remontrances , dis je , auroit-
on pû dire ſans renoncer à la raiſon ,
que c'étoit l'intereſt du Prince , que
tous ces préciputs , tant de frais que
d'aneantiſſement , fuſſent portez par
la Marchandiſe.

Ce degré d'horreur ſe renforce au
troiſiéme , au quatriéme & au cinquiéme , & enfin au onziéme établiſſement , comme il ſe trouve en quelques Villes du Royaume , ſur une
même Denrée , dans un même lieu ,
toûjours avec les mêmes circonſtances , ou plutôt les mêmes vexations ,
qui ont réduit la conſommation d'une
de ces Villes , où cette malheureuſe
Scene ſe paſſe , de ſoixante mille pie-
ces de Vin qu'elle étoit autrefois, preſentement à peine à quatre mille , &
fait par conſequent arracher les Vignes , & diminuer la Taille de ſix
fois plus que le Roi ne recevoit de
cette hauſſe des Aydes.

Que l'on ne s'étonne donc plus des

dix millions de rente perdus sur la seule Election de Mante , & à proportion autant dans le reste du Royaume , par un interêt solidaire que toutes les Provinces ont les unes avec les autres.

Tout de même à l'égard des vingt six Droits ou Declarations sur la charge d'un Vaisseau : La simple exposition du fait dés la premiere addition au premier Droit , bien loin d'attendre le vingt sixiéme , eut formé un degré d'horreur , qui n'eut pas permis d'opiner autrement dans le Conseil du Roy , que par des execrations contre les Auteurs de pareilles Impositions.

Qu'est ce qui n'eut point pensé que c'est la même chose sans aucune difference , que si un Prince aiant à recevoir cent mille livres par an sur quelques Particuliers tres disposez , & tres en état de les paier , son Intendant commettoit dix personnes avec chacun mille livres de gages , pour percevoir dix mille livres chacun , bien qu'un seul faisant toute la recette n'eut pas dequoi s'emploier en ne

donnant que la vingtiéme partie de
son tems ?

Ne diroit on pas que l'Intendant
partage ces gages moitié par moitié
avec les Commis , & qu'il fait son
compte aux depens de celui de son
Maitre ?

Cela est justement arrivé depuis
1660. par l'abrogation des remontrances des Peuples , non de la part
du Ministre qui étoit tres integre,
mais du côté de la Cour , & de toutes
les Personnes considerables du Roiaume , qui ont érigé ces desordres , ou
plutôt la ruine de la France en revenu
reglé.

Premierement on ne parvient à la
place de Receveur ou de Fermier General , qu'en prenant des Recettes à
plus haut prix que leur juste valeur,
des Personnes d'élevation , qui font
cela fort innocemment , ne sçachans
pas ce qui doit couter un pareil profit
au Roy & au Roiaume.

Toutes les Commissions sont autant
de Benefices briguez par toutes les
Personnes de condition , soit pour servir de recompense à leurs Domesti-
ques,

ques , & leur épargner leurs bourfes,
ou pour en tirer des contributions
perfonnelles.

C'eft ce que Monfieur Fouquet declare dans fes Défenfes , & nomme
tous les Demandeurs en de pareilles
occafions ; favoir toutes les Perfonnes de la Cour & du Confeil actuellement vivans.

Ainfi quelque bonne intention
qu'aye un Miniftre , il n'eft aplaudi
& on ne chante fes loüanges qu'à
proportion qu'il contente tant de
Demandeurs : ce que ne pouvant faire non feulement en ne levant que des
Tributs reglez , mais même par un
petit nombre d'affaires , qui ne pourroient pas contenter la vingtiéme partie des pretendans ; il faut qu'il donne les mains comme malgré lui , à
toutes ces horreurs.

Voila les manieres & la nation qui
ont reduit le Roiaume en l'état où il
fe trouve, d'une façon d'autant plus
deplorable , que ceux qui auroient
été à portée de faire entendre au Roy
& à Meffieurs les Miniftres les dé-
fordres & les caufes d'où il provenoit.

M

étoient engagez par leur interêt à le maintenir.

Et c'étoit leur langage, lorſque l'on ſe declaroit contre ces manieres d'une façon ſourde & à paroles per-duës, de publier que c'étoit des eſprits inquiets & viſionnaires qui tenoient ce langage, & qui vouloient même renverſer le Roiaume, apelans renverſement la ceſſation du plus grand boulverſement qui fut jamais.

En effet, ſi la France n'avoit conſiſté qu'en quatre ou cinq cens perſonnes, dont tout au plus un pareil cortege étoit compoſé, c'eſt à dire de Sujets qui meritent du menagement, ils auroient eu raiſon de parler de la ſorte: mais comme au contraire le Roiaume qui conſiſte en quinze millions d'ames, & le Roy à la tête, qui ſont ruinez par ces manieres, pour faire ſubſiſter un ſi petit nombre, de ſemblables allegations ; ne peuvent être qu'une extravagance achevée.

Ce genre de gouvernement aiant ruiné tous les revenus, & les Traitans & les Partiſans n'aians plus de for-

tune à faire par l'addition de nouveaux Droits fur les Denrées, ce qui
n'étoit plus poffible, la Guerre de
1689. furvint & Meffieurs les Miniftres, quoi que perfonnellement tres
integres, ne fupoferent point qu'il y
eut d'autres mefures pour trouver les
fonds neceffaires, que par les canaux
qu'on vient de cotter, favoir le fervice des Traitans & Partifans, qu'ils
accepterent à l'égard des fonds & immeubles, pour leur faire fouffrir le
même fort qu'avoient eprouvé les Revenus & Denrées, fur lefquelles il
n'y avoit plus rien à faire, qui font
les termes dont ils fe fervent ; ce qui
fignifie en langage clair & net, qu'il
n'y avoit plus rien à gagner pour
eux, quand il n'y a plus rien à detruire.

Ce qui faute aux yeux de tout le
monde eft trop public, favoir une defolation generale, qui eft leur ouvrage, pour laiffer le moindre foubçon
que cette expreffion foit trop forte &
trop violente.

Ils attaquerent donc les Charges
& Dignitez de la Robe, ainfi que les
M ij

emplois de leurs dependances ; que l'on fait composer ou qui composoient une si grande masse dans le Roiaume, & en quinze ou seize ans ils leur ont fait souffrir le même sort des Revenus, au même compte de la destruction des Denrées & produit des terres, savoir vingt de perte en pur aneantissement, pour un de profit au Roy : ce qu'il y a de plus cruel, est que cela a coupé l'arbre par le pied, & aneanti toutes les fabriques de monnoie en papier & parchemin, qui roulant sur la solvabilité des Proprietaires des immeubles, du moment qu'ils ont été exposez à un aneantissement continuel, tout le credit qui rouloit dessus s'est évanoüi, il a falu de l'argent en personne.

Sans qu'on puisse se plaindre en aucune façon de Messieurs les Ministres, qui pratiquoient ces manieres avec la derniere douleur, mais il leur étoit également impossible d'en user autrement, qu'il le seroit à un Sujet né dans l'erreur, d'embrasser & de professer la Religion Catholique dans un Païs où il n'y auroit que des Heretiques.

Mais enfin ce moien, étant abforbé,
& aiant pris fin comme l'autre, & aucun Partifan ne fe prefentant plus
pour traiter de nouveautez, parce
qu'il eft affuré qu'il ne s'en pouro't
pas defaire, ceux qui s'étoient accommodez de prefque toutes, ne s'en
trouvant pas bien, & les voians ex-
pofées à fouffrir le fort de leurs Prede-
ceffeurs, favoir à paier une feconde
fois, ou bien de n'avoir rien acheté,
& d'avoir perdu leur argent : On efpere que le retabliffement de la France dans une conjoncture fi importante n'aura plus tant d'ennemis à combattre, d'autant plus que l'on declare
que ce qui eft fait, eft fait, & que l'on
ne pretend faire rendre gorge à qui
que ce foit, contre l'ufage ordina're.

Que fi on s'eft étendu fur cette troifiéme caufe des defordres de la France, c'eft pour couper pied à toutes les
objections que l'on pourroit faire au
retabliffement du Roiaume.

Outre que d'ailleurs, bien qu'il ne
foit pas neceffaire de fuprimer les
Fermes ni les Fermiers du Roy, quoique ce fut le plus grand fervice que

l'on pourroit jamais rendre à l'Etat, temoin le menage qu'ils y ont fait depuis 1660. Cependant il est neceffes que leurs fonctions foient reduites à un ceremonial moins defolant; ce qui leur fera utile loin d'être dommageable.

Or comme jufqu'ici ils ont été regardez comme des gens facrez jufqu'à la moindre partie de leur minifiere, quelqu'éfroiables & quelques defolantes qu'elles foient toutes; il a été à propos d'en faire un craion, & de montrer en même tems qu'il s'en faloit beaucoup que les Fondateurs & Protecteurs de l'Ordre fuffent gens à canonifer, n'ayant eu rien moins pour objet dans de pareils établiffemens, que l'Interêt du Roy.

Cet eclairciffement procurera un peu plus de tranquilité au falut du Roiaume, en faifant examiner par quel motif on y fera des objections, ainfi que les perfonnes qui les mettront en avant.

C'eft de cette maniere qu'on prétend s'aquiter en deux heures de la promeffe contenue dans le Titre & au

commencement de ce Memoire, c'eſt
à dire par la ceſſation de la plus grande violence que la Nature ait jamais
éprouvé depuis la creation du monde
n'y aiant pas un des trois établiſſe-
mens dont il eſt queſtion, qui ne ſoit
une extravagance achevée, commiſe
innocemment depuis 1660, par erreur au fait, ſur la foi de la probité
des premiers Auteurs ; mais qui ne
peut être ſoutenue aprez connoiſſance de cauſe, ſaus renoncer à la raiſon, comme l'on verra invincible-
men par la ſuite.

CHAPITRE IX.

PErſonne ne peut douter, aprez
ce qui vient d'être raporté, que
l'on ne fait aucune injuſtice aux Aides, Droits de Paſſage, Sortie du
Roiaume, en mettant ſur leur compte la cauſe de huit cens millions
de perte, de quinze cens qu'éprouve
le Roiaume depuis 1660.

Or comme cette cauſe eſt encore

plus violente que les deux autres, il ne faut constamment qu'un instant pour la faire cesser, avec d'autant moins d'inconveniens & de crainte, qu'il est certain que ce n'a jamais été que l'intérêt des Entrepreneurs qui a mis les choses sur ce pied.

Pour se resumer donc, l'Etat est presentement à l'égard de ces trois causes de sa ruine comme un Particulier, & même une Contrée qui se trouveroient dans la derniere desolation par un principe tres violent, agissant sur eux immediatement, & dont la simple cessation pourroit en un moment les remettre dans une tres grande felicité.

Un homme condamné à mort pour un crime d'Etat, avec une confiscation de tous ses biens, qui seroient fort considerables, recevant sa grace du Roy, passeroit dans un instant du dernier malheur à une tres heureuse situation.

La Ville de la Rochelle, qui éprouva les rigueurs que l'on sait, lors de sa prise par le Roy Loüis XIII. ne fut qu'un moment à acheter le pain cent fols la livre, c'est à dire voir tous les jours cent ou fix vingt de fes Habitans mourir de faim, & puis les portes ouvertes par fa reddition, fe procurer ce même pain à moins d'un fol la livre.

Si quelqu'un dans l'un & l'autre de ces deux cas propofant le remde qui les tiroit d'affaire, eut eu pour objection que l'on ne pourroit prendre fes mefures fans deconcerter leur fituation naturelle, ou tout au moins, qu'ils n'auroient pu joüir des fruits de fes graces aprez qu'elles auroient été faites, qu'une Guerre qui fe pafferoit à deux cens lieuës, ne fut finie, n'eftimeroit on pas que ceux qui tiendroient un pareil langage, meriteroient les petites Maifons, ou plutôt daigneroit on leur repondre?

On maintient encore une fois, que de tout point c'est la fituation de la France à l'égard des cinq cens millions de rente, partie de quinze cens perdus que l'on lui peut retablir en deux heures, fans rifquer davantage qu'à l'égard de ce Particulier condamné & de la Rochelle affiegée,

& que les allegations de pretendu deconcertement , de peril ou de conjonéture de la Guerre , font d'un pareil degré d'extravagance qu'il l'auroit été dans les deux cas qu'on vient
de marquer.

Ainfi pour entrer d'abord en matiere , & prendre les trois caufes l'u-
ne aprez l'autre pour leur ceffation,
comme on a fait pour leur decou-
verte ; on va voir en particulier
comme en general , qu'il n'y a pas
moien de tenir pied fur la contradiction , fans renoncer à la raifon.

La Taille qui fe trouve la premiere
à la tête , comme ennemie jurée de la
confommation par fon incertitude,
qui met tout le monde fur le qui vive
par fon injuftice , qui fauche tous les
Sujets les uns aprez les autres , fans
les quitter qu'ils ne foient fans pain,
fans meubles & fans maifons ; & fa
collecte qui oblige ceux qui ont
quelque chofe , de paier de tems
en tems pour les infolvables , ou de
perir à la peine , comme il arrive
fouvent. Ce defordre , dis je peut
être conjuré de toutes ces trois

éfroiables branches en un moment,
par un simple ordre de Messieurs les
Ministres , aux Intendans des Provinces , de faire observer les anciennes Ordonnances dans la derniere
exactitude , sans nulle acceptation de
personne.

Les descentes de Messieurs les
Maitres des Requêtes dans les Provinces , qui n'étoient qu'en quelque
saison de l'année , n'avoient été anciennement ordonnées que pour ce
sujet.

Il est marqué en termes exprez,
qu'ils imposeront sur le champ , &
mêmes les Elus ; ceux qui n'ont pas
un taux proportionné à leur exploitation , soit en propre ou par ferma-
ges , & qu'ils dechargeront pareillement ceux qui se trouveront dans une
situation oposée.

Les Mandemens des Tailles , en-
voiez toutes les années dans les Paroisses , l'ordonnent semblablement:
Cependant on peut assurer qu'il n'y
eut jamais rien de plus mal executé;
& il est même presqu'impossible que
cela soit autrement , par raport aux
Sujets qui ont cette fonction.

Anciennement ce n'étoit que des Personnes du Païs mais depuis quarante ou cinquante ans, il a falu absolument n'en point être : en sorte que quelque bonne intention qu'ils aient, il est impossible qu'ils fassent jamais rien de bien, arrivans dans une contrée où ils ne connoissent rien, tout le monde étant paié pour leur faire de faux raports, & qui que ce soit pour leur dire la verité.

Cependant, l'execution des anciennes Ordonnances & la justice sont aisées à mettre en pratique; aprez que Messieurs les Ministres l'auront commandé, qui est par où il faut commencer.

. Il n'est question que d'ordonner, que chaque Intendant partagera le soin des Elections à trois ou quatre Officiers de ces Compagnies, choisissans ceux qui sont entendus non seulement dans le Commerce & dans le Labourage, mais même qui connoissent les Contrées & les facultez des Particuliers qui y ont du bien, ce qu'il est aisé de savoir quand on voudra s'y emploier fidellement, jusqu'à qu'à un fept de vigne , un arbre & un pouce de terre , & la moindre bête de nourriture.

Cette connoiſſance aquiſe ou par eux , ou prenans des memoires de Sujets entendus , comme il s'en trouve dans toutes les Paroiſſes , moiennant quelque legere retribution , il faut qu'ils faſſent une eſtimation des facultez de chaque Village , en marquant ſur un Rôle à chaque Cotte , celui là a tant de terres en fermage ou à lui, de tant de valeur , tant en labour, tant en ſimple pature , tant d'excellente , tant de mediocre , tant de beſtiaux , & tant de Vignes ou de Cidres année commune , & ſon fermage va à tant par an.

Quelque ſurprenant que cela paroiſſe en gros , il n'y a rien de plus facile dans le particulier , lorſque ce ſont des gens du métier : & quand une Election ſeroit compoſée de cent cinquante ou deux cens Paroiſſes, trois ou quatre Sujets dans chacune en viendront facilement à bout en quinze jours ou trois ſemaines ; c'eſt à dire , tout le bien d'une Generalité

N

seroit constant & connu en aussi peu
de tems, tous travaillans dans le même moment, & ainsi que celui de tout
le Roiaume par la même raison.

Il faudroit marquer aussi le nombre
des Privilegiez, soit Nobles ou
Ecclesiastiques, ou par leur emploi,
si c'est par ancienne ou nouvelle creation, & s'ils n'excedent point la qualité d'exploitation portée par leur privilege.

Tout de même des miserables n'a-
yans que leurs bras pour leur subsistance, sans nulle occupation que leur
simple demeure.

Les choses en cet état, un Intendant feroit faire la balance des biens
de toute sa Generalité, Election par
Election, pour imposer la Taille sur
chacune à proportion des biens.

Et puis par subdivision par Paroisse,
& les Preposez ensuite sur chaque Particulier, sans se raporter aux Habitans
que pour en prendre les Memoires,
n'y aiant aucun d'eux qui ose & qui
soit en état de mettre les Receveurs
ou Fermiers des personnes considerables, à son juste taux.

Ainſi du premier abord , voila l'incertitude & l'injuſtice qui coute plus de trois à quatre cens millions de rente au Roiaume , ſauvée , & même les Procez , puiſque n'y aïant plus que des queſtions de fait , le Subdelegué ou l'Intendant les pourroit vuider ſur le champ.

Mais il faut encore ſauver la Collecte , & cela eſt aiſé , même de l'agrément des Peuples.

Il faut ordonner que quiconque portera dans les trois premiers mois de l'écheance de la Taille , toute ſon année droit en Recette , ſera exempt d'être Collecteur , ni garand du Recouvrement de la Paroiſſe ; il n'y a qui que ce ſoit , juſqu'aux plus miſerables , qui ne vende ſa chemiſe pour être exempt de cette ſervitude , laquelle lui venant à tour par l'acceptation que ne manqueront pas de faire les riches de ce parti , ils donneroient tout pour avoir le même avantage.

Il faut ordonner pareillement , que la Taille & les autres Impôts qui l'accompagent pendant la guerre , ſe prendront par privilege comme une

N ij

rente fonciere , c'eſt à dire auparavant le prix du loüage des Terres & Maiſons

L'uſage étoit ci-devant , que le Maitre precedoit pour une année ſur la Taille , mais c'étoit à cauſe de ſon injuſtice qui eut ſouvent tout emporté ; ainſi étant ôtée , & l'équité retablie , comme la cauſe ceſſe ; l'effet doit ceſſer pareillement.

De cette maniere , le Receveur des Tailles decernera chaque Contrainte contre chaque particulier , lorſqu'il aura paſſé ſa ſoumiſſion au Greffe de l'Election au premier envoi des Mandemens , qu'il entend paier toute ſon Impoſition dans les trois mois , pour être exempt d'être Collecteur.

Que ſi il ne l'effectuoit pas , il n'y auroit rien de gaté , puiſque cette redevance precedant le paiement du Maitre , ce ſeroit à lui à y donner ordre.

A l'égard des Villes taillables & gros Bourgs , où la ſeule induſtrie paie une groſſe Taille , il les faut abſolument mettre en Tarif ; il n'y en a aucun qui ne le demande à

mains jointes , & ceux qui l'ont pu
obtenir , ont acquis un degré de richesse qui devroit porter à ne refuser
cette grace à pas un.

Le seul obstacle qui l'a empêché
jusques ici , est que les Juges & les
Receveurs s'y font tous oposez.

En effet , cela met fin aux Procez,
ainsi qu'aux frais & contraintes que
les Receveurs ont érigé en revenus
reglez, & dont il faut qu'une Paroisse souffre une certaine quantité,
autrement elle seroit haussée au premier departement , dont ils font
presque toujours les Maîtres , sous
pretexte qu'ils ne pourront faire le
recouvrement si on ne suit pas leur
idée.

Comme voila bien du monde nou-
vellement mis en besogne , il les
faut paier tous , autrement on sera mal
servi , comme il arrive d'ordinaire,
& sur tout à la Guerre; où si l'on
veut que les Troupes fassent leur devoir, & ne pillent point , il leur faut
faire toucher leur solde.

Par bonheur dans cette nouvelle
fonction il y a un fonds certain &

naturel, sans qu'il en coute rien au Roy & au Peuple.

Les six deniers pour livre qui se donnoient aux Collecteurs des Paroisses pour le recouvrement de la Taille, demeurent entierement inutils, & il ne reste plus que les frais du papier & confection des Rôles; & comme ce sera l'affaire des Subdeleguez & de ceux qui seront chargez de chaque contrée, il faut sur ce fonds que l'Intendant leur fasse departir à chacun quatre ou cinq cens francs par an plus ou moins, suivant le travail & l'étendue du district; ils en donneront quittance aux Receveurs des Tailles, qui en compteront aux Chambres des Comptes comme du reste, parce que l'ordre de l'Intendant sera attaché avec les Quitances.

Il faut aussi une somme comme de mil livres, ou à peu prez, aux Receveurs particuliers pour augmentation d'un Commis qui sera necessaire pour la perception de tous ces Impôts singuliers.

Il faut enfin qu'il en reste une somme aux Intendans, comme de deux ou trois mil livres, pour paier les Efpions qui avertiront que les Pré-polez par lui commis, ne font pas leur devoir; aiant favorifé dans l'Af-fiette leurs parens & amis; auquel il les faudra deftituer avec infamie, & leur faire paier le dommage de ceux qui auront été lefez fans nul rejet, parce que ce fera leur faute. Tout ceci fe trouve marqué par le Regle-ment des Tailles de 1604. du tems de Mr. de Sully, que l'on n'a fait que copier en cela comme en tout le refte, fur tout en Blez; Ce qui eft confor-me à tous les Gouvernemens du Monde.

Il faudra encore que les Intendans foient fouvent en Campagne pour partir au pied levé, fans avertir per-fonne, pour verifier fur les lieux fi les avis qu'on leur a donnez, font veritables, ce qui demande des frais.

Enfin il eft neceffaire que tout le monde conçoive qu'il fera impoffible d'ufer de fupercherie, fans s'expofer à une punition exemplaire.

Mais comme le principe de toutes
sortes de paiemens, & par conséquent
de la Taille comme du reste, est la
vente des Denrées, ce recouvrement
sera extrémement facilité, par la valeur où l'on va les y mettre, sur tout
aux Bleds, qui menans la cadance, sont
presentement en perte aux Laboureurs, le prix n'atteignant pas même
les frais de la culture, comme l'on va
voir dans le Chapitre suivant.

CHAPIT. DIXIE'ME.

LE dérangement qui se rencontre
dans le prix des Bleds par leur
avillissement, qui ruinant les proportions qui doivent être entre les frais
de leur culture, ensemble le paiement
du fermage, & le prix que l'on l'a-
chete, empêche ce premier commerce, par lequel cette manne primitive
passe uniquement aux mains de ceux
qui n'ont que leur travail pour se la
procurer ; ce qui est également la
ruine des uns & des autres, n'étant

pas moins prejudiciable à un Etat, s'il
ne l'est pas même davantage, que la
situation oposée, qui ne produit des
horreurs que par ce même manque de
proportion, tous les excez étant également dommageables, quoi que diamétralement oposez : Ce derangement, dis-je, n'est ni l'ffet du hazard
ni de la nature, qui par sa destination
entend & fait toujours si bien, qu'il
n'y a point de Métier ni de Professions qui ne nourisse à tout moment
son Maitre, comme elle ne met point
d'animaux au monde qu'elle ne les af-
sure de leur pature à même tems.

Cette malheureuse disposition qui
coute au Roiaume presentement plus
quatre fois que les besoins du Roy,
rendant tout le monde tres-misérable,
& les Ouvriers plus que qui ce soit,
est la suite d'une volonté determinée,
que depuis six à sept an on met à execution avec les dernieres attentions,
& même de tres grands frais, par
cette cruelle & fausse idée, que les
Grains étoient de la nature des truffes
& des champignons; par une continuation de ce qui s'est fait depuis

1660. ce qui disculpe les modernes;
que c'étoit, dis-je, un present gratuit de la nature, & qu'ainsi l'interêt
de l'Etat, sur tout des pauvres, étoit
de forcer les Propriétaires de le donner à meilleur marché qu'il seroit
possible.

On ne persiste aprez la reconnoissance de l'erreur dans cette conduite,
que parce que des Sujets couverts d'a-
plaudissement, ne veulent point convenir qu'ils aient été capables d'une
pareille méprise, leur obstination à
maintenir le mal, leur étant moins
préjudiciable, à ce qu'ils croient,
qu'un desaveu de leur conduite pas-
sée, quelque bien qu'il en vint au
Roiaume : ils ont cru que l'Etat ne
pouvoit éviter un exces, savoir une
extrême cherté, qu'en se jettant dans
l'autre qui est l'avilissement, quoique
n'étant pas moins préjudiciable par
lui même ; c'est lui seul qui produit
les chertez, comme on peut voir par
le Chapitre qui est à la fin de cet Ouvrage.

Cependant comme l'on ne doute
point que ceux qui n'ont pas de si de-

plorables interêts , ouvriront enfin les
yeux , on passe avec confiance au Remede.

On dira d'abord que le Roy & Messieurs les Ministres sont absolument
maitres du prix des Grains , les pouvans faire baisser & hausser à leur
volonté , en quelque tems & en quelque saison que ce soit : comme l'état
où il est d'avilissement est l'effet d'u-
ne main étrangere autre que celle de
la nature ; ainsi par des manieres
contraires qui couteront beaucoup
moins , on peut mettre cette Denrée
aux prix & en l'état qu'elle doit être
pour suporter ses charges , c'est à dire
les frais de la culture , & couler tranquillement aux mains de ceux qui
n'ont d'autre fonds que leurs
bras.

L'on ne le decouvre pas plus precisément, parce que quoi qu'il se pratique en une infinité d'endroits , comme à Rome , en Angleterre , en Ho-
lande & en Turquie , & qu'on en usa
même en France en 1679. sans quoi
cette année auroit été aussi cruelle
que 1693. & 1694. cependant il est

de l'interêt de cette demarche, qu'elle ne soit pas absolument publique, étant de la nature du secret, qui perd la vie aussi tôt qu'il voit le jour.

Tout ce qu'on peut declarer, est que la cherté ou l'avilissement, sur tout dans un Païs fecond, comme la France, n'est rien moins à la rigueur, que l'effet du manque ou de l'abondance des Bleds pour la subsistance de tous les Peuples; le dernier a toujours été l'ouvrage d'attentions determinées comme aujourd'hui, & l'autre de la folie & de l'aveuglement du Peuple, qui se forme lui même le monstre qui le devore.

En un mot, le Peuple est assurément comme un troupeau de Moutons que l'on voudroit faire entrer par une tres petite porte, & tres embarassée; il n'y a qu'à en prendre un ou deux par les oreilles, & les tirer par force, aussi-tôt tous les autres s'y poussent avec la même violence, dont il avoit falu user pour y conduire les deux premiers.

Et y aiant une tres grande porte tout contre, exposée à leur vuë, qui

les

les conduisant au même lieu , leur
donneroit un passage bien plus aisé ; il
ne seroit pas possible à force de coups
de leur faire prendre ce parti , mais
continueroient de s'étouffer les uns
les autres pour suivre les premiers.

Voila le portrait du Peuple , & sa
conduite dans ses demarches tumul-
tueuses , sur tout à l'égard des Bleds.

Ainsi en un moment ce fonds étant
retabli , on maintient que c'est plus
de trois cens millions de rente au
Roiaume remis en un instant , parce
que les proportions , dont le deconcertement est la ruine du Commerce,
recommenceront à vivre , & à fournir
par conséquent la subsistance à toutes les deux cens Professions , qui attendent uniquement leur nourriture du
Laboureur.

C'est pourquoi on passe aux Doüanes , Sorties & Passages du Roiaume,
ainsi qu'aux Droits d'Aides sur les Liqueurs , qui prennent pour leur part,
ainsi qu'on a dit , plus de huit cens
millions par an dans la perte des biens
du Roiaume.

O

Le retabliſſement en eſt d'autant
plus aiſé , que quoi qu'on les ſoutien-
ne nuit & jour par des éforts continuels, qu'il y ait plus de vingt mil hommes , & peut être plus de trente , qui
n'ont d'autre emploi que cette occupation , c'eſt à dire de ruiner les Peuples , & par conſéquent le Roy ; cependant il n'y a qui que ce ſoit qui
ne les deteſte dans le particulier , &
qui ne convienne , que ſi on avoit eu
intention de detruire le Roiaume , on
n'auroit pas pu prendre d'autres meſures.

Le cadavre qui eſt certain de la deſolation de la culture des Terres & du
Commerce, purge cet énoncé de tout
ſoupçon de calomnie.

En éfet , ſi un Marchand aiant ſes
Magaſins remplis d'excellentes Denrées, & propres à l'uſage de tout le
monde, ne les vouloit point livrer,
aprez en avoir fait la vente dans ſa
maiſon , qu'aprez qu'on auroit fait de-
claration à vingt ſix de ſes Facteurs
& Commis diſperſez en divers quartiers de la Ville , & ſouvent abſens
de leur demeure , en ſorte qu'il falut

un tems infini pour s'aquiter de ces
servitudes , n'estimeroit on pas en
même tems qu'il auroit perdu l'esprit,
& tout le monde ne le quiteroit il pas?

Or une contrée commerce avec
l'autre tout comme singulierement un
Marchand à Marchand , les mêmes
mesures & les mêmes facilitez y doivent être observées , & le même degré d'extravagance qui se peut rencontrer dans l'un , est le même dans
l'autre.

Si quelqu'ami de ce Negociant
qui exigeroit vingt six declarations
avant que de se dessaisir de sa Denrée,.
lui representoit qu'il eut à quitter cette maniere , autrement qu'il se ruine-
roit , & passeroit pour un fou ; il lui
repartoit , qu'il convient de l'extravagance de cette conduite , mais qu'il
ne la peut abandonner dans le moment , de peur de troubler l'ordre de
ses affaires , & qu'au moins il faut
attendre qu'un Procez qu'il a à deux
cens lieuës de sa demeure , soit terminé :

Ne seroit ce pas pour le coup qu'on

le feroit enfermer , & qu'on lui ôte-
roit abfolument l'adminiftration de
fes biens ?

Voila neanmoins en cet article de
Doüane la fituation de la France,
tant dans les Sorties du Ro'aume, que
les Paffages de contrée à contrée ; &
les raifons que l'on aporte , pour ne
pas faire ceffer le defordre , fans perdre un moment , font d'un pareil mérite & valeur que celles qu'on vient
de mettre dans la bouche de ce Marchand particulier.

Les Aides font à peu prez de même
nature , fur tout dans quatre Generalitez , favoir Roüen , Caën , Amiens
& Alençon , où le Droit de quatriéme denier de tout ce qui fe vend de
Liqueurs en détail , s'exige non au
quatriéme , mais au troifiéme , parce
qu'on n'a point d'égard aux lies & diminutions journalieres , mais feulement au volume de futaille , ce qui
joint à des Droits d'Entrées efroiables , fur tout dans les Villes non
Taillables de ces contrées , fait que
cette exigence de tous points , n'eft &

ne se doit point apeller une contribution, mais une confiscation, comme
l'éfet qu'elle a produit n'a que trop
justifié.

La seule Election de Mante, comme l'on a dit, y est pour deux millions
quatre cens mille livres par an sur les
Vignes, ce qui n'est qu'un baromètre
du reste du Roiaume, puisque cela
procede d'une cause generale.

Les Cidres en Normandie qui tiennent lieu de Vins, ont été pareillement mis par ce même principe, dans
un si grand desarroy, que dans les années abondantes, il s'en perd plus de
la moitié que l'on néglige absolument de mettre à profit, ou qui perit,
se gatant par la garde, pendant que
les trois quarts des Peuples, non seulement de la Normandie, mais même
de la Bretagne, Picardie & Beausse,
qui sont limitrophes, ne boivent que
de l'eau à ordinaire reglée.

C'est en vain que la Bourgogne,
comme un Païs d'Etats, jouit de cette exemption des Aides; sa manne
nourriciere, savoir les Vins à l'aide,

de laquelle , & de l'excedent , elle se peut procurer ses autres besoins particuliers , est également coulée à fond, de même que si elle avoit ces Droits dans ses entrailles , ainsi c'est ses interêts que l'on defend pour le moins autant que ceux de ces quatre Generalitez : c'est pourquoi elle doit contribüer , en comprenant ses avantages, à lever la cause de l'avilissement où elle voit souvent cette Denrée lors d'une recolte abondante , & quoi que ce soit qu'elle paye , c'est à dire le double de ce que le Roy reçoit presentement, elle y gagnera encore quatre pour un, & ainsi des autres contrées du Roiaume , qui suivent toutes le sort les unes des autres , quelqu'éloignées qu'elles soient , de celles où le desordre qui les devore , a pris naissance, & par la raison des contraires , le retablissement ou la cessation du mal produira incontinent le même éfet à leur égard.

Le Vin qu'on donne souvent à un sol la mesure en Bourgogne , en Orleanois dans la petite Champagne , &

en Anjou, n'eft à ce miférable prix au
deffous des frais du Vigneron, que
parce qu'il eft à vingt quatre fols dans
la Picardie & la Normandie ; & il eft
à cet excez dans ces Provinces, par les
mêmes raifons, que le Pain étoit à
cent fols la livre lors du Siege de la
Rochelle.

Dix mille Commis arrétent les ave-
nues de ces Liqueurs, tout comme
l'Armée du Roy empêchoit le paffage
des Grains dans cette Ville ; & lorfque
les Portes furent ouvertes, la même
extravagance qui fe feroit rencontrée
dans ceux qui auroient allegué que
ces Habitans affamez n'auroient pu
foulager leur mifere, en fe procurant
du Pain à un *fol la livre*, *puifqu'il ne*
valoit pas davantage hors les Portes,
qu'une Guerre qui fe faifoit à deux
cens lieuës de ces quartiers ne fut ter-
minée : la même folie, dis-je, fe trouve dans ceux qui pretendent que ces
dix mille Commis qui font perir une
moitié du Roiaume, par l'abondance
des Liqueurs, & l'autre par l'excez
du prix, ne peuvent être congediez

sans renverser l'Etat, ou tout au moins, qu'il faut attendre que la Guerre soit finie en Allemagne, en Italie & en Espagne.

Pour commencer par les Doüanes, Sorties & Passages du Roiaume, c'est un Peron pour le Roy & pour ses Peuples de les suprimer toutes, à l'égard du dedans de l'Etat; la raison des divers Princes qui les avoient établies, étant cessée, il en doit être de même de l'éfet, par les efroiables suites qui les accompagnent toutes.

A l'égard des Entrées de la France, il les faut conserver en l'état qu'elles sont pour les sommes seulement, en aplanissant les dificultez, dont il ne revient rien au Roy, mais rebutent les Etrangers.

Pour les Droits de Sortie il ne leur faut faire aucun quartier, mais les suprimer entierement, puisque ce sont les plus grands ennemis du Roy & du Roiaume qu'il puisse jamais y avoir.

En éfet, la misere étant le plus grand mal qui puisse arriver à un Etat, & l'avilissement des fruits, dont on ne peut trouver les frais de la culture, étant le plus grand principe de la desolation, il en faut user comme à l'égard d'un ennemi declaré qui vient pour envahir un Païs, lorsqu'on le voit dans le dessein de faire retraite, il lui faut faire un pont d'or.

Or est-ce faire ce pont d'or à cet avilissement le plus grand destructeur de biens qu'il y eut amais, que de lui former jusqu'à vingt six obstacles sur le même lieu, par autant de gens à gages, & dont la fortune consiste à le faire rester dans le Païs pour continuer ses ravages, comme on vient de marquer à l'égard des Doüanes sur les Sorties & Passages de la France ?

C'est la même conduite à l'égard des Bleds & l'œconomie des Tailles, tous ces Monstres que l'on a décrits, ne travaillent nuit & jour que pour maintenir cet avilissement : Ainsi pour continuer à faire la guerre à cette éfroiable maniere, il faut absolument reduire le Droit de quatriéme au huitiéme dans ces quatre Generalitez, comme par tout ailleurs où les Aides ont lieu.

Lorſque ce Droit fut établi pour la Campagne , où il n'étoit point, environ vers l'année 1640. à ce que l'on croit , toutes les Contrées donnerent une ſomme pour en être exemptes : mais dans les ſeules quatre Generalitez mentionnées , les Gentils-hommes & Perſonnes notables, eurent l'indiſcretion de l'acheter preſque pour rien ; & concevans bien qu'il n'étoit pas exigible au pied de la lettre , ſans tout ruiner , ils n'en tiroient pas le tiers , & ſoufermoient aux Cabaretiers à tres-grand marché.

Mais aprez 1660. ceux qui gouvernoient croians le Roy lezé dans cette vente , comme il l'étoit éfectivement , ils le retirerent ſans rembourſement aux Aquereurs , eſtimans que la joüiſſance leur en tenoit lieu ; ce qui étoit veritable : & il n'y auroit eu rien de gâté , s'ils avoient continué à le faire valoir comme les premiers Aquereurs ; mais l'ayant voulu exiger à la derniere rigueur , ce fut une con-

fiscation des Vignes & des Liqueurs,
& une condamnatiom aux deux tiers
des Peuples du Roiaume de ne boire
que de l'eau, d'autant plus qu'on
quadrupla les Droits d'Entrée à même tems, dans les Villes non taillables de ces quatre Generalitez, par
l'établissemens de divers Traitans &
Bureaux, qui triploient par ce ceremonial, & l'embarras ou sejours de
Voituriers, le mal déja causé par l'excez des sommes.

Ce qui reduisit la consommation
de ces Villes à la dix ou douziéme partie de ce qu'elle étoit auparavant ; &
encore davantage à la Campagne, puisque n'y aiant point constamment de
Village autrefois où il n'y eut jusqu'à
deux ou trois Cabarets, presentement
c'est un hazard si dans dix il s'en trouve un seul pour toute la Contrée.

Par où on peut voir le profit que
les Traitans ont fait en ruinant le Roy
& les Peuples.

Ainsi on ne renverse point l'Etat,
n'y on ne les congedie point en re-
duisant le quatriéme au huitiéme, &
on ne delivre point la France tout à

coup , comme on fit la Rochelle , on
les menage & on veut vivre avec eux,
en les priant de souffrir seulement
qu'on ouvre une porte, & aussi tôt ces
Provinces de Vignobles qui perissent
par l'abondance , deviendront tout à
coup tres riches.

Sur ce même compte, il faut reduire les Droits d'Entrée des Villes non
taillables dans ces quatre Generalitez,
à la juste moitié de ce qu'elles sont à
present : & comme il y a plusieurs
Traitans , il faut que la reduction, soit
au sol la livre de prix de leurs Baux,
& ils gagneront considerablement,
puisqu'ils pratiquent eux mêmes cette
remise tous les jours dans les occasions lorsqu'ils sont habiles , sachant
bien que sans cela on ne vendroit
rien & qu'ils perdroient tout.

Il faut encore que tous ces divers
Droits soient reduits à une seule &
même somme certaine , d'un nom de
monnoye d'argent, & nullement revetus d'un nom de guerre , comme par
ci devant , c'est à dire parisis ; sol denier , travers , resve , haut passage,
grand,

grand, petit & nouveau Droit, qui
se trouvans souvent combinez ensemble, sont autant de piéges tendus
à des gens qui ne sçavent ni lire ni
écrire, comme sont tous les Voituriers, pour tout confisquer ou les
ruiner en séjours, quand ils ne veulent pas les racheter à prix d'argent.

Le Jauge est le comble de la vexation; outre qu'il est impossible naturellement de construire une futaille
d'une justesse mathématique, ensorte
qu'il n'y ait point un verre ou un
septier plus ou moins, il est de la même impossibilité à un Jaugeur de garder une pareille exactitude dans son
calcul, & jamais deux pareilles gens ne
se rencontrent dans leurs mesures,
même à beaucoup prés, comme on a
quelquefois fait expérience.

Ils en usent même si bien : qu'ils
crient leurs suffrages à l'encan à qui
en donnera le plus du Commis ou du
Voiturier, pour rendre un Procés
verbal favorable à l'un ou à l'autre
sur la continence de la futaille.

Il les faut absolûment supprimer, &

les contrées gagneront cent pour un
en les remboursant; on peut ordonner
que l'on fasse les Vaisseaux le plus
juste que faire se poura, en marquant
la mesure; & lorsque dans les Entrées à vûë d'œil on les trouvera dé-
fectueuses sans les pouvoir arrêter, on
les dénoncera aux Juges, pour être
condamnez en amende, comme on
fait un Cabaretier, lorsque ses vai-
seaux ne sont pas justes; ce qui ne
poura être fait à moins que le mal
ne soit considerable, & sans frais devant l'Intendant ou son subdelegué,
autrement le reméde seroit pire que
le mal.

Il y a encore un Monstre à conjurer, qui sont les déclarations, droits
de passages, qui s'exigent sur ce qui
passe debout à chaque endroit, & qui
cause les mêmes vexations dont on a
parlé.

Il faut de la liberté dans les chemins, si l'on veut voir de la consommation, & par conséquent du révenu;
ce qui ne peut être tant qu'il y aura à
chaque pas des gens payez, & qui
attendent leur fortune à empêcher

qu'un Païs ne commerce avec l'autre, en s'aidant réciproquement des Denrées, dont l'abondance les ruine, pour recouvrer, celles dont la disette pareillement les rend miserables.

Pour ce sujet, il faut ordonner que tout Voiturier, soit par eau ou par charroy, qui voudra conduire des Liqueurs en quelque lieu, si éloigné qu'il puisse être, sera obligé d'en prendre un Passe, avant du plus prochain Bureau des Aydes, s'il y en a, sinon du Juge de Police, qui ne pourra coûter que dix sols, tout compris : cét Acte portera la déclaration de la quantité de la voiture, & du lieu où l'on la destine ; & avec ce Viatique, il se mettra en chemin, sans que qui que ce soit le puisse arrêter dans sa route, soit Bourgs ou Villes murées, ni aucun Bureau exiger autre chose que la simple vûë de son Acte, sans s'en dessaisir, ni le retarder un moment, lui ni sa voiture.

Dans les lieux, comme Villes & Bourgs d'Aydes où il passera la nuit, ne pourra décharger ni toucher à sa

Denrée, à moins de quelqu'inconve-
nient auquel il faudroit donner ordre
auquel cas il seroit tenu d'aller avertir
le receveur des Droits du lieu ; le tout,
à peine de confiscation de la Marchandise, charettes & chevaux , & de mille livres d'amende contre l'Hôte où
les contrevenans seroient logez.

Que si le Voiturier en chemin trouve à vendre sa Marchandise plus commodément qu'aux lieux où il la desti-
noit , il le pourra faire en payant les
Droits du lieu, si c'est dans un Village
où il ne soit rien dû ; il ne payera rien.

De cette sorte , non seulement on
ne renverse pas l'Etat ; mais au contraire étant tout bouleversé , on le remet dans une entière felicité : en un
mot , en cet Article comme aux deux
autres , c'est la levée du Siége de la
Rochelle ; & la même extravagance
qui se seroit rencontrée dans les objections qu'on auroit pû faire, en soûtenant qu'il auroit falu du tems après
les portes ouvertes , pour avoir le
pain à un sol de cent fois autant
qu'il étoit ; se trouve dans cette occasion, si quelqu'un prétendoit qu'une

Déclaration publiée sur ce stile ne
mettroit pas aussi-tôt toutes choses en
valeur , & par conséquent tous les
Peuples dans la felicité ; & en état de
fournir avec profit tous les besoins
du Roy.

Cette moderation qu'on apporte
aux fonctions & au produit des Traitans , loin d'y donner atteinte & de
diminuer les Baux ; on maintient ,
comme on a déja dit , qu'ils regag-
neront en gros par la hausse de consommation , ce qu'ils allégueroient
aujourd'hui devoir perdre par l'alte-
ration de la somme.

Cela n'a jamais manqué toutes les
fois que le cas est arrivé , & récem-
ment dans la distribution du Tabac ,
où la recette a augmenté après qu'on
a eu baissé de prix.

Et le contraire à l'égard des Lettres , & l'on sçait des Bureaux nota-
blement diminuez par la hausse des
Droits.

Enfin con maintient que la réédifica-
tion dans les quatre Generalitez , dont
le saccagement qui s'y commet par
les Aydes , ruine également tout le

A iij

reste du Royaume, ne doit point diminuer d'un sol le prix des Baux, par cette moderation du quatriéme au huitiéme & des Droits d'Entrée, dans les Villes non taillables.

Que si les Fermiers d'aujourd'hui ne le veulent pas comprendre, cela ne fera aucun dérangement ; parce que comme aucun n'est aforfait, & tous demandent toutes les années des dédommagemens à cause du malheur des tems, il y a du monde tout prest à prendre leur place à cette condition de ne rien diminuer, & on est assuré qu'ils feront leur compte.

Il reste les Droits de Passage & de Sortie, tant du Royaume, que des Provinces réputées étrangéres, établis par une surprise éffroyable ; il est assuré que le Roy n'en reçoit point presentement quinze cens mille livres, non compris le Convoy de Bourdeaux, auquel on ne touche point, n'y ayant presque que le Pont de Joigni dont le produit soit considerable.

Or outre que cette somme de quinze cens mille livres fera bien plus que

gagnée dans la maſſe de tout le
Royaume, par une opulence generale, quand le Roy la remetroit à
ſes Peuples en pure perte ſur luir
n'y vouloir pas entendre, c'eſt la
même choſe que de ne vouloir pas
ſemer pour recüeillir vingt pour un,
en regardant le Bled qu'on jette dans
la terre, comme perdu.

Les quatre-vingt millions de hauſſe
de Tributs dont on va faire fonds
ſur les Peuples avec applaudiſſe-
ment, & des actions de graces de
la part de tous ceux qui ne ſont
point ſuſpects ſur cette matiére, ce
qui répond que c'eſt l'argent comptant : Cette ſomme, dis-je, eſt une
récolte aſſez abondante pour n'y pas,
épargner une pareille ſemence.

Et pour montrer invinciblement,
qu'il n'y a rien que de tres-réel dans
les ſuites d'une Déclaration, qui ne
coûtera point trois heures à conſtrui-
re ſur ce modéle, en rectifiant les
trois Articles, ſeuls principes de la
miſere des Peuples : il n'y a qu'à en
faire un eſſay en la publiant ſeulement, parce qu'on en ſuſpendra l'exé-

cution d'un mois ou deux, on maintient que dans le moment tous les biens feront confiderablement augmentez. On peut juger par cet échantillon de l'éfet qu'on doit attendre de la piéce, & qui eft vifionnaire de l'Auteur de ces Mémoires ou des Contredifans.

Comptant donc fur cinq à fix cens millions de hauffe dans la confommation par un éfet fubit, & une violence ceffée comme à la Rochelle, il faut venir à la part du Roy, dont il y auroit autant d'injuftice au Peuple de lui refufer une parcelle de cette augmentation de biens, qu'il y avoit de furprife ci-devant à exiger la confifcation entiere, tant des meubles que des immeubles, comme il n'eft que trop atrivé, en contributions réglées, ce qui ayant commis le Prince & fes Sujets par des refus d'une part, que la feule impoffibilité d'executer empêchoit d'être criminels, & de vaines contraintes, quoi que des plus violentes, de l'autre, a plus détruit de biens & fait de ravages, que jamais les plus grands ennemis du Royaume

ne lui ont caufez dans leurs victoires
les plus complettes depuis l'établiffe-
ment de la Monarchie.

Il faut que les Tributs coulent aux
mains du Prince comme les Riviéres
coulent dans la Mer, c'eft-à-dire tranquillement ; ce qui ne manquera jamais d'arriver, lorfqu'ils feront pro-
portionnez au pouvoir des Contribuables, tant fur la chofe que fur la
perfonne : la dérogeance qu'on a ap-
portée à cette régle, eft feule caufe de
tout le defordre.

Un Monarque en doit ufer envers
fes Peuples, comme Dieu déclare qu'il
fera envers les Chrétiens ; fçavoir,
qu'il demandera beaucoup à qui aura
beaucoup, & peu à qui aura peu.

Et fur le même ftile un Pere de
l'Eglife attefte, que de quelque grand
prix que foit le Paradis, Dieu ne le
vend aux Fidelles, quelques miferables qu'il foient, que le prix qu'ils le
peuvent acheter : Voila l'unique niveau des Tributs, & celui des quatre-
vingt millions de hauffe que l'on va
établir dans le Chapitre fuivant.

CHAPITRE ONZIE'ME.

ON a dit au commencement de ces Mémoires, que les Princes les plus riches étoient ceux que avoient moins de genres de Tributs, & qui paſſoient plus droit en leurs mains ſans poſer nulle part au ſortir de celles de leurs Peuples.

Or pour en former un de ce genre, il n'eſt point neceſſaire de faire rien de nouveau, il n'y a qu'à s'adreſſer à la Capitation, qui a d'abord ces deux qualitez de paſſer droit ſans frais des mains des Peuples en celles du Monarque ; & pour lui faire atteindre juſqu'au niveau de ſes beſoins dans la conjonéture preſente, ce qu'elle ne fait pas à beaucoup prés, quoy que ce fût l'intention des fondateurs portée même par le titre de ſon établiſſement, il n'eſt pas tant pas neceſſaire de la perfectionner, que de la faire ceſſer d'être ridicule.

En éfet, le principe de qualitez &

d'emplois que l'on y a marqué , pour
régler le degré de contribution dans
chaque Particulier indépendamment
de ſes tres-grandes richeſſes ou de ſon
extrémere miſere , ce niveau n'en faiſant aucune différence , eſt la même
extravagance que ſeroit une Loi qui
ordonneroit que l'on payeroit le drap
chez un Marchand , & la dépenſe au
Cabaret , non à proportion de ce
qu'on auroit pris chez l'un & chez
l'autre , mais ſuivant la qualité &
la dignité du Sujet qui ſe ſeroit pourvû de ſes beſoins.

Les Tributs ſont une redevance
auſſi legtime , commandée par la
bouche de Dieu même , que peut être
le payement de quelque detre que
ce ſoit , & cela au ſol la livre
des biens que l'on poſſede dans un
État , & c'eſt bailler le change que
d'y avoir mis un niveau qui faſſe payer
aux uns quatre fois plus qu'ils ne tirent , & ne doivent par conſequent,
& aux autres la cinquantiéme partie
moins qu'ils ne ſont tenus par cette
même régle de juſtice.

Il eſt certain & public : que les qua-

litez & dignitez ne dénotent non plus
les facultez d'un homme, que sa taille
ou la couleur de ses cheveux.

Il est donc du même ridicule d'a-
voir établi, qu'un Avocat ou Marchand, ou un Seigneur de Paroisse
& un Officier payeront la même somme, qu'il le seroit de régler que tous
les boiteux contribueroient la même
quantité, & que ceux qui marche-
roient droit en fourniroient une autre;
la raison de l'extravagance de cette
derniére disposition se trouveroit, en
ce qu'il se rencontreroit en l'une &
l'autre de ces deux Classes des Sujets
riches, & d'autres qui n'auroient rien
du tout, l'opulence ou la misere n'é-
tant necessairement attachée à aucune
Profession, non plus qu'à aucun genre
de taille ni couleur de poil.

Cette diversité se trouvant donc
chez les Avocats, les Marchands, les
Officiers, les Seigneurs des Paroisses;
on ne peut nier que la parité de méprise ou de ridicule ne se rencontre
également dans la disposition qui se
pratique, & celle que l'on vient de
marquer.

On

On ne peut préfumer autre chofe dans
ceux que Meffieurs les Miniftres
avoient chargé de cette œconomie,
finon qu'ils ont eu deffein de rendre
illufoire l'intention portée à la tête,
fçavoir la fuppreffion des affaires
extraordinaires, en rendant le produit
de cét Impoft infuffifant à atteindre
aux befoins du Roy ; ce qui n'eût pas
été, s'il s'y étoient pris d'une autre
manière : Et cela par le même efprit
que l'on avoit eu en laiffant déconcerter les Tailles par la fouffrance de
la mauvaife répartition, afin de donner ouverture aux Partis : deforte que
de cinquante-fix millions qu'elles
étoient ; il les a falu réduire à trente-
deux, pendant que l'on triploit les
Aydes, qui ne remplaçoient pas à
beaucoup prés ce déchet à l'égard du
Roy, & coûtoient dix fois la Taille
au Peuple. Et il ne faut pas dire qu'il
demeuroit une partie des Tailles en
perte, parce que c'étoit un jeu fait à
la main, les Répartiteurs traitans de
ce Regrat, où ils gagnoient des fommes immenfes : Et aujourd'hui que la

Q

Taille accompagnée de la Capitation
& Utanfiles, va à plus de cinquante-
fix millions, on n'y perd rien, quoi
que la Campagne foit quatre fois plus
pauvre.

Ou tout au plus que fe trouvans
bien partagez du côté des biens, ils
n'ont pas voulu que les facultez
fiffent le niveau de ce Tribut, mais
les dignitez ? ce qui éxigeant une
poffibilité générale, & les plus
dénuez faifans par conféquent la
régle, c'étoit une fauve-garde à leur
opulence, de ne payer que trés peu
de chofe, par rapport à leurs
poffeffions.

Enquoy ils fe font bien plus
trompez que le Prince, puifque les
affaires extraordinaires ayant recom-
mencé mieux que jamais, le dépérif-
fement que cela a caufé à la maffe de
l'Etat, leur coûte trois fois plus que
n'auroit fait une quadruple Capitation
qui n'auroit pas même été neceffaire
pour les garantir de cét orage.

On en prend à témoin toute la
Robe, les Marchands & les Seigneurs

des Paroisses ; & il faut qu'ils conviennent , pour peu qu'ils veüillent
dire la verité , qu'il en est arrivé comme aux Tailles , la decharge que les
riches ont faite de leur juste contribution , pour en accabler les pauvres,
ayant mis ceux-cy hors d'état de consumer l'herbage dont on a parlé , qui
est généralement tous les biens , elle
est devenuë entiérement en perte aux
Proprietaires , qui ont été tout à fait
ruïnez par ce prétendu privilege :

Parce qu'il y a une attention à
faire , à laquelle qui que ce soit n'a
jamais refléchi , sçavoir que le Corps
d'Etat est comme le Corps Humain ,
dont toutes les parties & tous les
membres doivét également concourir
au commun maintien , attendu que la
desolation de l'un devient aussi tôt
solidaire , & fait perir tout le sujet :

C'est ce qui fait que toutes ces
parties n'étant pas d'une égale force
& vigueur , les plus robustes s'expo-
sent & se presentent même pour recevoir les coups que l'on porteroit aux
plus foibles & plus délicates , qui ne

sont point à l'épreuve de la moindre atteinte, sans parler du Serpent à qui l'Ecriture Sainte fait servir de symbole de prudence, à cause qu'étant assailly, il couvre sa tête de tout son corps : La Nature n'apprend-elle pas aux hommes dans les occasions de presenter les mains & les bras pour parer ou recevoir les coups que l'on porte aux yeux & à la tête ?

Les Pauvres dans le Corps de l'Etat sont les yeux & le crane , & par consequent les parties délicates & foibles & les Riches , sont les bras & le reste du corps : Les coups que l'on y porte pour les besoins de l'Etat , sont presque imperceptibles , tombans sur ces parties fortes & robustes ; mais mortelles , atteignans les endroits foibles , qui sont les misérables , ce qui par contrecoup desole ceux qui leur avoient refusé leur secours.

L'on sçait comme le ménage d'un Pauvre se méne ; toute sa fortune roule assez souvent sur un écu ou deux , qui par un renouvellement continuel , le font subsister luy & toute sa famille ,

& confumer par conféquent les Denrées excroiffantes fur le fonds des Riches, fans quoy ils leur demeurent en perte, qui eft la fituation d'aujourd'huy.

S'ils font privez de cet écu ou deux tout à coup, par une injufte repartition d'Impoft, ou d'une affaire extraordinaire, caufée par l'infuffifance des Tributs réglez d'atteindre aux befoins du Roi, à caufe, que les Puiffans n'ont pas à beaucoup prés voulu fournir leur contingent : Voilà ce crane & ces yeux bleffez mortellement, qui font périr tous ces membres robuftes qui n'ont pas voulu leur parrer les coups; ce qu'ils auroient pû faire aifement, fans en recevoir que de trés-legéres atteintes.

Pour l'intéreft donc des riches, il faut payer la Capitation au dixiéme de tous les biens, tant en fonds qu'en induftrie ; & ce fera à titre lucratif de leur part, tant part le rétabliffement des trois Articles cy-deffus mentionnez, que par cette derniére raifon ; & on ne craint point de repartie ou de

Q iij

contradiction, qui ne soit abſolument
une extravagance, en ſoûtenant,
comme on fait qu'il n'y a aucun de
ces contribuables qui ne gagne dix
pour un de ce qu'ils payeront.

Il y a eu en tout temps, & dans
tous les Etats du monde, des Capita-
tions ; autrefois en France ſous les
Rois Jean & François I. & preſentement en Angleterre & en Hollande,
& toutes n'ayant d'autres régles que
la quotité de biens, n'ont jamais fait
le moindre fracas, ni le moindre
dérangement, tant dans leur levée,
que dans leur payement.

La ſurpriſe l'a pû établir autrement
en l'état qu'elle ſe trouve aujourd'hui
en France ? mais apres ces éclairciſſe-
mens, il n'y a que le crime qui la
puiſſe refuſer de la maniére qu'on la
propoſe, qui eſt celle de toutes les
Nations du monde.

L'allégation, qu'il eſt difficile de
trouver la quotité des biens des Particuliers, ou cruel à eux d'en rendre
compte, eſt abſolument impertinente;
puiſque dans le premier, elle ſuppoſe

que les Peuples autrefois en France, ainsi qu'en Angleterre & en Hollande étoient forciers, pour avoir de pareilles révelations, & que ceux d'aujourd'huy dans ce Royaume, font des bêtes : & dans l'autre, on traite de cruauté une maniére, qui étant le falut de l'Etat dans la conjoucture prefente, fe pratique tous les jours tranquillement dans cent autres occafions bien moins importantes.

Faut-il rebâtir une Eglife ou un Prefbytére, les frais s'impofent, & fe répartiffent au fol la livre de ce qu'on a de bien dans la Paroiffe.

Eft-il befoin de régler le mariage ou la légitime d'une fille avec fes freres après la mort du pere & de la mere, cela fe fait tous les jours devant les parens, ou par la Juftice fur vûë de Piéces.

La même chofe des dettes qui furviennent long-tems après fur une fucceffion partagée entre plufieurs collatéraux.

Depuis le plus grand Seigneur jufqu'au dernier Ouvrier, il y a des baromètres certains d'opulence , & évidens à ceux qui ont la pratique de la vie privée , mais qui font lettres clofes pour tout ce qui n'en n'a que la fimple fpéculation , comme font tous Meffieurs les Intendans des Provinces , quelques bien intentionnez qu'ils foient.

Le cru de Paris , dont ils font tous originaires, ce qui n'étoit pas autrefois à beaucoup prés , eft fort peu propre à donner la connoiffance d'un Etat , puifqu'on y peut poffeder de trés-grandes richeffes , fans avoir un pied de terre que l'on compte pour le dernier des biens , quoy qu'elle donne le principe à tous les autres ; l'on renferme ordinairement toutes fes attentions , à l'égard de la Campagne en ces quartiers-là , à des embellif-femens & décorations de maifons de plaifance.

Ce dixiéme encore une fois , eft auffi aifé a trouver en ce Royaume qu'ailleurs , quand on y employera les mêmes fujets qui agiffent en fes contrées , & qui travailleront à leurs

périls & rifques, en forte que Meffieurs les Miniftres n'auront point la
tête rompuë des injuftices qu'on y
pourroit commettre.

C'eft un dixiéme en argent qu'il
faut payer, & non point en effence ou
dîme Royale, comme une perfonne
de la premiére confideration, tant par
fon mérite perfonnel, que par l'élévation de fes emplois, a voulu propofer
au Roi fur la foi d'un Particulier, qui
en avoit compofé le projet, fans avoir
jamais pratiqué ni le Commerce ni
l'agriculture, ce qui ne peut qu'en-
fanter des monftres.

" En éfer, il eft inoüy que l'on puiffe
établir, ni trouver à donner à ferme
une levée du dixiéme de toutes les
Denrées d'un Village, fans donner
un lieu pour les répofter, n'y ayant
nul endroit du monde où il s'en
trouve d'inutiles, puifqu'on n'a pas
fouvent moien d'entretenir les plus
néceffaires.

De plus, l'obligation de bailler
caution, comme pour les deniers du
Roi, de paier de trois mois en trois

mois comme on fait la Taille, & de percevoir cette dîme sur les Nobles & Privilégiez qui en étoient auparavant exempts, sont des clauses qui font, qu'il n'y a point d'Habitant de la Campagne qui n'aimât mieux donner de l'argent en pure perte, que de se rendre Adjudicataire d'un pareil fermage, à la quatriéme partie de sa juste valeur.

De quoy on peut voir un exemple lors des saisies des Terres des Gentilshommes, puisque la régie est donnée souvent pour la dixiéme partie de sa juste valeur, sans que les créanciers puissent faire autrement, & sans que le saisi même use de violence pour ce sujet.

Toutes les mains étrangeres même qui possédent des dîmes dans des Villages éloignez, sçavent bien que s'ils les proclamoient sans fournir de Bâtimens, en ayant toutes lorsqu'elles sont un peu considérables, & à condition de donner caution, & de payer de trois mois en trois mois, sans nul quartier, ils n'en trouveroient quoy que ce soit , ou tout au plus , que la dixiéme partie de la valeur précédente puisque dispensant de toutes ces clau-ses , ils en perdent encore souvent la meilleure partie lors du déperissement du prix des Denrées , comme aujour-d'huy , ce qu'un remplacement de Tailles & d'autres Impôts ne peut souffrir , puisque le payement à l'écheance du terme est de rigueur , attendu que le maintien de l'Etat qui ne souffre point de retardement , roule uniquement sur les levées des Impôts.

On a fait cette reprise , pour mon-trer que le rétablissement de la France n'a point deux maniéres , & qu'il n'y a uniquement que celle qui a été prati-quée en France dans tous les siécles , & dont l'usage a été reçû & l'est presentement dans tous les Etats du monde , qui est celui qu'on propose à titre encore une fois lucratif de la part des Peuples ; puisque , quoy que la Capitation payée réguliérement à ce dixiéme par une fidele exécution , atteigne constamment à plus de cent milions , elle ne prendra point assurément la cinquiéme ou la sixieme partie des biens que le Roy aura retablis à ses Peuples en un instant, sans que l'on craigne aucune objection à l'égard du déconcertement, & encore moins de la conjoncture, ni de la briéveté du temps, qu'on ne fasse voir aussi tôt être un renoncement à la raison & au sens commun ; en sorte qu'on maintient, comme on a déja fait plusieurs fois, qu'il n'y a point d'homme assez abandonné de Dieu & des hommes, pour les oser mettre par écrit, & souscrire de pareilles objections de son nom.

La réprobation de l'institution des établissemens que l'on combat, & l'exécration de leurs éfets qui sont publics, purgent ces expressions de tout soupçon de témerité & même d'extravagance ; ce qui seroit absolument, & l'Auteur punissable corporellement, s'il n'avoit pas tout un Royaume pour temoin des véritez qu'il énonce, le seul intérest du Roi & des Peuples l'a engagé à en prendre la defense avec d'autant plus de confiance

fiance, que l'intégrite de Messieurs les Ministes qui est aussi connuë que les desordres que l'on combat, l'assure qu'il ne risque rien à leur égard, mais qu'il leur rend un trés grand service.

Mais pour anticiper les objections, & épargner la peine de les faire à ceux qui voudroient y avoir recours, on soûtient d'abord que l'on ne peut impugner tout le contenu en ce Mémoire, qu'en soûtenant le mérite des trois Articles combatus, & par conséquent leur maintien.

Or pour faire voir l'horreur d'un pareil rôle, il n'y a qu'à penser si on pourroit trouver un homme sur la terre assez depourvû de sens & de raison, ou plûtôt assez ennemy de Dieu & des hommes, pour qu'il osât dire publiquement, qu'il est Auteur d'aucune de ces trois dispositions.

En éfet, quelqu'un pouroit - il avancer, c'est moi qui suis cause de la mauvaise repartition des Tailles, en sorte que l'on ruine tout-à-fait les miserables, ce qui les met entiérement hors d'etat de commercer & de confumer, par où les riches perdent fix fois plus qu'il ne leur auroit coûté, en prenant leur juste part de cet Impost, dont le desordre des uns & des autres rejallit absolument sur le Roy ;

Des Bleds la même chose, un homme bien sensé pouroit il avancer, c'est moi qui a statuë & etabli, qu'il faut que les Grains soient à si bas prix, afin que tout le monde soit à son aise, que les Fermiers ne puissent pas donner un sol à leurs Maîtres, lesquels par conséquent ne font travailler aucuns Ouvriers ? Et aussi comme ce bas prix empêche de labourer les mauvaises terres pour n'en pouvoir suporter les frais, que cet abandon est un excellent moyen pour éviter les chertez extraordinaires dans les années stériles, ainsi que de le faire consumer aux bestiaux, comme il arrive aujourd'huy.

A l'égard des Aydes, Doüanes & Passages, il faudroit renforcer d'efronterie ou d'extravagance, pour se dire auteur de toute la manœuvre qui s'y fait, & publier qu'on a eu raison d'établir vingt-six déclarations à passer, ou Droits à paier, sur un même lieu & pour un même Prince, auparavant qu'une Marchandise puisse être embarquée ; & qu'à l'égard des Liqueurs, on a un juste sujet de paier dix mille personnes aux dépens du Roi & du Public, pour faire arracher la moitié des Vignes du Rôiaume, & obliger les deux tiers des Peuples à ne boire que de l'eau.

Voila pour l'aveu de l'établissement que l'on ne croit pas qu'il y ait qui que ce soit qui puisse reclamer, que l'honneur lui en soit attribué.

Pour le delay, sous prétexte de la conjonture, qui est la ressource la plus ordinaire de la part des personnes interessées au maintien de ces desordres, l'extravagance & le renoncement à la raison n'y sont pas en un moindre degré, puisque chacun de ces articles pris en particulier faisant un desordre épouvantable, & plus que tous les ennemis du Roi, & le principe qui les cause n'ayant d'ailleurs non plus de rapport à la Paix &

à la Guerre, qu'à la vie ou à la mort du Roi de la Chine ? on ne peut uſer de pareils raiſonnemens pour retarder le Remede, ſans montrer qu'on ne craint ny Dieu ny les hommes.

D'autre côté, comme pour ſortir de la conjoncture preſente, il faut des ſommes trés-conſiderables, on maintient qu'il n'y a point d'homme ſi habile preſentement dans le Roiaume, qui mettant d'une part les Charges ordinaires & indiſpenſables de l'Etat, ainſi que le payement des arretages de ce que le Roiaume doit ſous le nom du Roi ; & de l'autre, ce que les revenus ordinaires peuvent fournir, & apres, pour en faire la balance egale, puiſſe trouver des moyens d'y ſubvenir, non du tout, mais à la quatrieme partie, ni qu'il voulut être garand du ſucces de ce qu'il propoſeroit à la perte de tous ſes biens, en cas de non reüſſite

En ſorte que le combat eſt entre deux ſituations : L'Auteur de ce Mémoire propoſe au nom des Peuples, dont il n'eſt que l'Avocat, des mani-

ées qui sont celles de toute la terre, &
que l'on ne peut contredire sans renoncer à la raison, & se rendre ridicule ; & il a pour Adversaires d'autre
côté, des gens qui veulent pour préfe-
rer une esperance sur des moyens qu'
ils auroient honte de proposer par é-
crit, & sur le succez desquels ils seroient fort fâchez qu'on roulât leur
fortune.

Le seul & plus crut ennemi enfin
que ses dispositions ont à combattre,
est que le fondement de ce grand
rétablissement de biens aux Peuples,
qui les mettra en état d'en faire pars
au Roy, roulant uniquement sur la
cessation de matiéres établies & pra-
tiqueés avec applaudissement envers
les Auteurs, ide la part seulement
néanmoins de Sujets interessez, flât-
teurs ou ignorans, il s'ensuit une con-
séquence trés-fâcheuse ; sçavoir, que
cette destruction ne peut être un grand
bien, qu'autant que l'admission de ce
qu'on renverse étoit un tres - grand
mal, & également la ruine du Roy
& des Peuples. Or un pareil énonce

n'eſt guéres un langage de Courtiſan.

Comme Meſſieurs les Miniſtres d'aujourd'huy n'y ſont pour autre choſe, que pour avoir trop agi ſur la foy de leurs Prédéceſſeurs; ayant jugé d'autruy par eux-mêmes, & ſuppoſé autant d'intégrité dans les autres, qu'ils s'en trouvent revêtus de notorieté publique; la reconnoiſſance de la ſurpriſe, loin d'intéreſſer leur réputation, leur pourra procurer beaucoup d'honneur à la vérite aux dépens de ceux qui leur ont laiſſé de ſi mauvaiſes maniéres.

Et tout compté, c'eſt un marché bien avantageux de ſe tirer de l'état preſent par un rétabliſſement entier de la richeſſe des Peuples, qui attire celles du Roy aprés elle, & par conſequent le payement de ſes dettes, comme du temps de Monſieur de Sully.

Mais quelqu'utilité qu'il en vienne au Royaume, & quelque modique phyſique l'on exige pour un ſi grand bien, on n'obtiendra jamais le conſentement de gens à qui un bouleversement général est bien moins sensible qu'une ruine singulière d'espérance d'acquerir des biens, ou la crainte de perdre une réputation très mal acquise dont ils tiroient le même profit que s'ils l'avoient très-bien meritée : Comme ce n'est pas là encore une fois à beaucoup prés l'espéce do Messieurs les Ministres, on est persuadé qu'ils regarderont avec bonté un travail qui n'a eu d'autre objet, que de rendre service au Roy, au Public & à eux, d'autant plus qu'ils ajoûteront par leurs grandes lumieres ce qui poirroit manquer à la perfection de ces Mémoires, par où on les finit, avec une forte persuasion fondée sur l'idée generale de tous ceux qui en ont pris communication, que l'Auteur s'est acquité, de ce qui étoit porté dans le titre de son Ouvrage.

Et pour derniere preuve physique & incontestable de la verité de tout cet enoncé, c'est que celui qui l'a composé, se dit publiquement Auteur de quatre-vingt millions de hausse d'exigence sur les Peuples, & en atrend des remercimens, à cause des conditions qui l'accompagnent ; pendant que ceux qui le voudroient contredire, ou proposer de bien moindres somme exigibles par les maniéres pratiquées, n'oseroient ny se découvrir, ny s'en déclarer Auteurs.

La raison de l'une & de l'autre conduite est trés-sensible, puisque par le premier l'Auteur ne se propose que de faire payer la cinquiéme partie de ce qu'on aura rétably de biens aux contribuables ; & par l'autre il faudroit exiger l'impossible, ce qui n'est pas sans exemple, ou plûtôt ce qui n'en a que trop eu par le passé.

Et comme il est inoüy de demander aux Peuples ce qu'ils ne sçauroient payer, il leur seroit également criminel de refuser à leur Prince pour ses besoins, une partie des facultez dont il les auroit remis en possession.

Pour à quoi parvenir, on maintient à la face de toute la Terre, sans crainte encore une fois d'être contredit par écrit, qu'il ne faut point trois heures de travail de la part de Messieurs les

Miniſtres, & quinze jours d'exécution
de celle des Peuples, parce qu'il ne
s'agit que de ceſſation d'une tresgran-
de violence ; comme au Siege de la
Rochelle.

Les Bleds de Barbarie exclus de la
Provence, redonneront au Languedoc
ſix fo's cette hauſſe d'Impoſt., & à la
Provence même.

Si cette Province achete les Grains
plus cher, n'en croiſſant que trés-peu
chez elle, elle y regagnera au triple
par la vente augmentée, & de prix &
de quantité ſur ſes huiles, ſes olives,
ſes raiſins & ſes figues ſeches, que l'on
ſçait ſouvent y être à rebut, & qui ne
ſont en ce miſerable état, que parce
que les Provinces chez qui les Bleds
ſervent de contr'echange pour ſe procurer le reſte, ſont mis hors de ce
pouvoir par leur aviliſſement.

Cet établiſſement des Bleds de
Barbarie, n'a pû au plus être bon que
dans des temps de ſterilité ; mais par la
continuation ordinaire, il n'y a rien
de ſi prejudiciable, & ce maintien
continuel n'eſt même que l'éfet de

l'intereft fingulier & perfonnel des Munitionnaires, qui pour gagner fur leurs marchez, en faifant leur Magafins à meilleur compte, fe mettent peu en peine du bien general duRoi & des Peuples : joint à cela l'utilité particulière des Entrepreneurs, qui fe confervent dans ce commerce par de la protection achetée à prix d'argent. Et cette faute contre la Politique, d'admiffion de Bleds étrangers hors le temps de ftcrilité, fur tout dans un Païs fecond comme la France, eft fi groffiére, qu'outre l'exemple de l'Angleterre, qui achéte le contraire à prix d'argent, c'eft-à dire la fortie des Grains, l'Efpagne qui par l'abandon prefque continuel de la culture de la plus grande partie de fes meilleures terres, en fembleroit être difpenfée d'autant plus que la cherté y eft plus ordinaire que le prix raifonnable ; en forte que fans les fecours du dehors, elle feroit fouvent expofée aux derniéres extrémitez : cependant dans les années d'abondance, elle connoit fi bien les horreurs de l'aviliffement de cette Denrée de Grains, que depuis l'union des deux Monarchie en la Royale maison de Bourbon, elle a prié que l'on ne lui en apportât point dans ces occasions, quoy qu'il y eût à gagner pour le menu Peuple, à parler le langage erroné qui regne en France depuis si longtemps.

Ainsi on maintient qu'il n'y a point de muid de Bled refusé de la Barbarie, qui n'en fasse croître cent d'augmentation dans le Royaume, par les raisons marquées & connuës de tous les Laboureurs, mais qui sont lettres closes pour la spéculation, seule cause de cette suprise; & outre encore cette augmentation d'excroissance à cent pour un, c'est la même crûe dans le revenu, n'y ayant point pareillement aucun de ces muids banis de la Provence, & par conséquent de la France, qui ne procure pour sa part quatre mille livres de surcroit de revenu, par les mêmes principes.

Enfin pour derniere periode de ce Memoire, on soûtient que les Peuples ne pouvans payer rien au Roi que par la vente de leurs Denrées, & le Prince étant en état de doubler en un mo-

ment cette même vente , par la cessation d'une violence qui en a anéanti
ou suspendu plus de la moitié ; il est
de la dernière extravagance de traiter
de visionnaires ceux qui viennent annoncer, que le Roy peut pareillement
doubler les Tributs , non seulement
sans ruiner personne , mais en enri-
chissant tout le monde.

Or l'augmentation du prix des
Denrées fait celuy des Terres , qui
seules font vivre tous les Etats, depuis
le plus élevé jusqu'au plus abject.

Et le Laboureur enfin cultive pour
luy & toutes les autres Conditions, &
il leur fait part au sol la livre du bien
& du mal qu'il souffre dans son commerce ou sa vente ; quoy que ce soit
la chose du monde que les Pauvres
conçoivent le moins.

Les quatre Generalitez soulagées
du côté des Aydes , feront revivre sur
le champ les Province mitoiennés du
Royaume, qui recommuniqueront incontinent le même bien aux Contrées
les plus éloignées ; en sorte que la
Capitation au dixiéme des biens , ne
sera pas le quart de ce qu'elles auront
gagné à ce marché.

CHAPITRE XII.

POur recapituler tout ce Memoi-
moire, on maintient que le Roi
est en pouvoir de se rétablir, quand il
lui plaira trois cens millions de revenu reglé, comme du tems du Roi
François I. non en usant de contrainte ni d'execution contre les Peuples
comme par le passé, mais en les remettant en possession de leurs facultez
en tout leur entier, dont ils ont été
privez de plus de la moitié, montant
à plus de quinze cens millions par
des maniéres enfantées uniquement
par le crime, ainsi qu'on a fait voir
clairement, & continuées par surprise depuis 1660.

Pour ce sujet, il est nécessaire que
le Roi regarde la France & toutes ses
richesses comme à lui uniquement
apartenantes, & que tous les Possesseurs ne sont que ses Fermiers; qu'ainsi
tout ce qui les incommode dans leur

R.

commerce & dans leur trafic , eft la
même chofe que fi le dommage lui
étoit fait perfonnellement dans quelques fonds qu'il peut poffeder en de
certaines Provinces du Royaume.

Or du moment qu'il y a une infinité d'établiffemens pour tirer ces redevances des Peuples , dont les frais fe
prennent auparavant tout , pendant
que l'embarras qui accompagne la levée , anéantit vingt fois autant de
biens que l'on en fait toucher au
Prince , comme on a montré , & qui
n'eft que trop public ; n'eft-il pas
conftant que c'eft comme fi le mal
étoit fait à lui-même , & que par
conféquent la ceffation qui fe peut
faire en un moment enrichiffant fes
Peuples , c'eft une opulence perfon-
nelle que l'on lui procure ?

On demande volontiers à tous les
contredifans , qui ne peuvent être
que la Nation qui vit & qui s'enrichit de la ruine du Roy , & des Peuples , fi des dix mille genres d'Impôts qu'il y a aujourd'hui en France ,
levez par le canal des Traitans & Partifans , avec les circonftances connuës

& marquées, il y en a un seul dont le fonds ne soit fait & ne s'exige pas d'un Taillable ou d'un homme sujet à la Capitation ; ces deux impôts enfermant également les Nobles, Bourgeois & Roturiers, c'est à-dire tous les hommes du Royaume.

De maniere qu'évaluant tout ce que le Roi reçoit par ces dix mille canaux, qui donnent de l'emploi à plus de cent mille hommes ; & les remettant sur la Taille & sur la Capitation, voilà tout d'un coup cent mille payes à mille livres chacun par an, qui est bon marché, c'est à-dire cent millions de gagnez pour le Roy & ses Peuples.

Ce qui n'est que la moindre partie de l'utilité, puisque la plûpart des anéantissemens de biens causez par ce ministere, revivroient sur le champ, au profit de ces Peuples, & par conséquent du Prince.

Car de croire que le canal d'un Partisan fasse trouver du bien où il n'y en a point, lui n'ayant rien ordinairement, c'est renoncer à la raison, & imposer à la foi publique, qui fait que c'est juſtement le contraire ; & que ſa main ſeule , comme le feu, conſume le ſujet où elle s'attache.

Pour montrer cette verité plus clairement en un ſeul article : Il n'y a que des Taillables qui nourriſſent les beſtiaux , dont les Boucheries des Villes ſont fournies.

Or n'y a t'il pas des Traitans , Bureaux & Commis pour leur entrée dans ces mêmes Villes ? ne s'en trouve t'il pas ſur le debit de la viande & du ſuif ? n'y en a-t'il pas pareillement ſur les laines qui en proviennent , ſur les draps qui en ſont conſtruits , ſur leurs paſſages & ſorties ?

Ce n'eſt pas tout, les cuirs qui partent du même principe , n'ont-ils pas ſemblablement leurs impôts à part , & juſqu'à quatre ou cinq, pour peu qu'ils faſſent du chemin ſe mettant en route ?

Tous ces frais & préciputs doivent être payez & portez par le Maitre du mouton , ſavoir, un Taillable ou Paieur de Capitation qui l'a nourri & élevé ; qui étant le Fermier du Roi, C'eſt la même choſe, encore une fois

par contre-coup , que fi on faifoit
fortir ces fommes de la bource ou de
la liberalité du Prince , qui eft le
moindre defordre ; ce que l'on ne
fauroit affez reperer, puifque le Néant
en tire encore dix-neuf fois davantage
que ces appointemens; & pour le faire
voir , on maintient qu'il n'i a point
prefentement la quatriéme partie des
beftiaux dans le Roiaume de ce qu'il
s'en trouvoit il y a quarante-cinq
ans ; ce qui apporte un pareil dechet à
la culture des terres , qui n'eft bonne
& mauvaife qu'à proportion des troupeaux qui s'y trouvent.

La même chofe des Vins, les dix ou
onze Bureaux qui fe rencontrent fur
les Liqueurs ; avec la paye & la fortune des Traitans , doivent être portez avant tout par un homme taillable ou fujet à la Capitation. Or en recevant immediatement de leurs mains
ce qui revient au Prince par ce malheureux céremonial, c'eft une richeffe
immenfe pour eux comme pour le
Monarque , & une ceffation de mifere
pour tous les Peuples.

Puifqu'on maintient que par cette

R iij

effroyable œconomie , outre la ruine
des Laboureurs & Vignerons , plus de
la moitié des Peuples des grandes
Villes ; sur tout deça la Loire , & mêmes de Paris & des campagnes , ne
mangent point de Viande , & ne boivent que de l'Eau ; ce qui diminuë la
plus grande partie de leurs forces , &
par conséquent leur travail.

C'est le même raisonnement sur
l'impôt des Bois , sur le Charbon , sur
le Foin , sur la Volaille , sur les Oeufs ,
sur le Beurre , sur le Poisson , sur le
Tabac , & enfin sur toutes les autres
Denrées , n'y en ayant presque aucune d'exempte , on trouvera mêmes
Bureaux , mêmes Commis , mêmes
Traitans , même paye , ou plûtot même fortune , & même anéantissemens
à essuyer par des Taillables ou payeurs
de Capitation , qui seroient prêts de
racheter au triple ce qui revient au
Roi de ces horribles manieres , & même avec quadruple profit de leur part.

Que l'on ne traite point ceci de
vision , c'est une pure réalité , & le
contraire ne peut être soûtenu sans extravagance , & sans montrer que l'on

ne craint ni Dieu ni les hommes.

C'eſt la maniere dont tous les Etats
du monde ſont adminiſtrez , & que
la France l'a été juſqu'à la mort du
Roi François I. que le crime ſeul l'a
tirée de cette heureuſe ſcituation comme on l'a fait aſſez voir ; & c'eſt par
leur ceſſation que l'on prétend enrichir les Peuples , & par conſequent
le Roi.

Il n'i a point de Fermier tenant des
terres à loüage, qui ne ſoit content de
hauſſer le prix de ſon fermage , en lui
augmentant la quantité de ſes terres.

Que l'on faſſe une convocation de
cent Laboureurs , Bourgeois ou Marchands de toutes les contrées du Royaume , il n'i en a pas un qui ne convienne , pourvû qu'on ne les aye pas
corrompus pour les faire parler contre
leur conſcience , de payer quatre fois
ſa Capitation , & même par avance ,
pourveu qu'ils ſoient déchargez de
tous ces mal-heureux precipus qui
n'ont été inventez que pour ruiner le
Roi & les Peuples , & enrichir les
Entrepreneurs.

Et ce qu'il y a d'éfroïable eſt., que

dans la conjoncture presente , où la
France a besoin de toutes ses forces
pour se défendre de tant d'ennemis,
on a pris justement le contre-pied,
entassant tous les jours Traitant sur
Traitant , avec les circonstances marquées, c'est à dire vingt de perte sur le
fonds pour un de profit au Roy.

Quoi qu'il n'y ait que de la surprise de la part de Messieurs les Ministres depuis mil six cens soixante seulement , on ne laisse pas de dire lorsqu'on propose de cesser de pareilles
maniéres , qu'on veut renverser l'E-
tat , comme si l'Etat consistoit , ainsi
qu'ô l'a déja dit , dans ceux qui ruinent
ses terres & le commerce , par consequent le Roi & ses Peuples ; mais
comme c'est justement le contraire, &
que la Nation que l'on combat est la
plus grande ennemie du Royaume, on
doit regarder avec horreur les éfroyables allegations , que l'on veut renverser l'Etat , lorsqu'on parle de faire
cesser la plus grande desolation qui fut
jamais.

On demeure d'accord que l'on procure un grand loisir à Messieurs les

Miniſtres & au Conſeil des Finances;
qui eſt néanmoins le ſort de tous les
Gouvernemens du monde , & même
de la France durant onze cens ans ,
juſqu'à la mort de François I. puiſque
ces Meſſieurs aujourd'hui ne ſont
occupez depuis le matin juſqu'au ſoir
qu'à diriger & combatre des Monſtres
qu'on n'a jamais dû établir ; bien que
cela ſe faſſe avec la derniére integrité
de leur part, il s'en faut beaucoup que
ce ſoit la même choſe dans le ſous-or-
dre & les ſecondes mains en un nombre infini de notorieté publique , n'I
ayant point de parti pour quelque
borné qu'il ſoit , qui ne forme des
profits indirects à plus de cent perſonnes, leſquelles ſans être Traitans ,
joignent leur voix , pour dire qu'on
veut renverſer l'Etat.

Comme les maux ſe guériſſent par
le contraire , de ce qui les avoit pro-
duits, à meſure que le Roi aura beſoin
de ſecours , il n'aura qu'à uſer envers
ſes Peuples , comme ce Proprietaire
de Ferme à l'égard de ſon Fermier ,
qui hauſſe de ſon conſentement le fermage , en lui augmentant ſon terroir,

le Roi peut en toute seureté dire à ses
Peuples , vous me payerez tant de
hausse de Taille & de Capitation ,
parce que je vous supprime tel & tel
parti qui vous coûtoit dix fois davantage , ainsi vous gagnerez quatre fois
plus que moi à ce marché.

Mais on ne prendra pas ce parti
tant que l'on consultera la Nation
dont on vient de parler , à qui la destruction du Royaume seroit bien
moins sensible que celle de leur fortune , comme cela s'est verifié toutes les
fois que le cas est arrivé.

Mais comme ce n'est pas l'espece de
Messieurs les Ministres qui sont tres-
integres , quoique tres-surpris , on en
espere du succés dans une occasion où
cette maniére est d'une necessité indispensable, n'i en ayant point absolumét
d'autre pour sortir de l'état present.

D'autant plus que l'on fait une espece de transaction avec les destruc-
teurs du Royaume en les priant seulement de quelques adoucissemens qui
rétabliront sur le champ assez de facultez aux Peuples , avec profit de leur
part , pour fournir les quatre-vingt

millions de hauſſe dont le Roi a beſoin, & ſera une preuve certaine que
la deſtruction du total, qui ſera bien
plus aiſée que n'a jamais été leur établiſſement, mettra le Roiaume en état
de donner au Roi trois cens millions,
comme du tems du Roi François I.

L'erreur où l'on a été juſqu'ici à l'é-
gard de l'Argent, le regardant comme le principe de richeſſe, ce qui n'eſt
qu'au Perou, ne peut être alleguée
après la lecture du Chapitre qu'on en
a fait, où l'on montre qu'il eſt uniquement l'eſclave de la conſommation, ſuivant pas à pas ſa deſtinée, &
marchant ou s'arrêtant avec elle, un
Ecu faiſant cent mains en une journée,
lorſqu'il y a beaucoup de vente & de
revente, & demeurant des mois entiers
en un ſeul endroit, lorſque la conſommation eſt ruinée, comme il arrive tous les jours, & dont on a tant
parlé dans ces Memoires; en ſorte
qu'étant poſſible de rétablir de cette
conſommation pour plus de cinq cens
millions en un inſtant, ce ſera autant
de marche d'Argent, & non point de
nouvelles Eſpeces remiſes ſur les

pied, par où le prétendu ridicule d'une hauſſe ſi ſubite de revenus, eſt amplement purgé & rejetté entierement ſur les contrediſans, qui ne pouront pas tenir, lorſque l'autorité, par la ſurpriſe qu'ils cauſent à Meſſieurs les Miniſtres, leur manquera, leurs manieres s'étant uniquement ſoûtenuës comme l'Alcoran qui porte en tête, défenſe de diſputer contre, & que quiconque entreprendra de le faire, ſoit auſſi-tôt empalé : En tout ceci on n'a été que l'organe ou l'Avocat des Peuples ; & on craint ſi peu d'en être deſavoüé, que l'on ſe ſoûmet d'apporter la ſignature de cent mille hommes, ayant tous chacun dix mille écus de bien l'un portant l'autre: C'eſt donc un marché ſans peur & ſans peril, qui ne peut être refuſé que par ceux dont on a parlé.

Et pour finir, comme on avoit marqué par Titre, on maintient qu'il n'i a point d'homme ſur la terre qui puiſſe faire une objection, ſous quelque prétexte que ce ſoit, à la levée de quatre-vingt millions, qui ne ſera que la cinquiéme partie de ce qu'on aura

rétabli

rétabli par trois heures de travail au
Peuple sans un ridicule achevé , &
être en horreur à Dieu & aux hommes,
pendant que cette proposition est com-
blée de benedictions.

Comme aussi , on maintient qu'il est
pareillement impossible d'établir d'une
autre façon le quart de la fourniture
des besoins du Roi dans la conjoncture presente , & qu'il n'y a personne
au monde qui voulût être garand de la
réüssite de la moindre partie; ce qu'on
a dit plusieurs fois ; par où l'on peut
voir avec quel fondement on peut rejetter le parti qu'on offre , pour tabler
sur une autre si dépourvû de certitude, dans une occasion où il ne se faut
pas méprendre.

Enfin l'Auteur de ces Mémoires les
presente au Public à une condition ,
qu'ils ne lui seront point enviez par
les Contredisans, savoir celle qui étoit
pratiquée par les Atheniens. Ces
Peuples avoient établi que tout porteur de nouveaux Reglemens seroit
tranquillement écouté, quel qu'il fût,
mais qu'il faloit commencer par avoir
une corde au col ; afin que si l'execu-

S

tion , loin de se trouver avantageuse , se trouvoit dommageable à l'Etat,
l'Auteur fût aussi-tôt étranglé sans
quartier.

Si la France en avoit usé de la sorte , il y a cent cinquante ans, lorsque
les Italiens jetterent la premiere semence des maniéres qui l'ont réduite
en l'état où elle se trouve aujourd'hui ;
le Roi auroit constamment deux cens
millions de Revenu réglé plus qu'il
n'a , & ne devroit pas un sol , parce
qu'il y auroit deux cens mille Edits
ou Déclarations & dix mille genres
d'Impôts de moins, toutes venuës depuis ce tems : Le sort porté par les
Loix des Atheniens arrivé au premier
Inventeur avec Justice , auroit tari
tout-à-fait la source de pareilles démarches.

Mais loin de cette destinée il y a eu
deux cens mille Fortunes obtenuës par
où il n'échéoit qu'une Corde à Athe-
ne, ce qui a produit au Gouvernement
un sort tout contraire ; sa destruction,
loin d'avoir cette sauve-garde , elle a
été érigée en plus court moyen de se
procurer la plus haute opulence.

Son Commerce & la culture des Terres ayant été entierement detruits par ces Porteurs de Nouveautez , y ayant conftamment plus de la moitié du Royaume entiérement inutile au Peuple , & par confequent au Prince ; fans parler de la deftruction des Sujets & de la fecondité des Familles, dont la defolation eft une fuite néceffaire de celle des Terres.

Et pour faire voir par un paralelle ce que pourroit la France , fi elle n'avoit pas été en quelque façon enrayée par ces maniéres.

La Judée n'a jamais contenu du tems de la plus grande opulence de fes Rois que foixante & dix lieües de long fur vingt cinq de large, c'eft à-dire dix fois moins de continent que la France , cependant fes Monarques mettoient des Armées , au raport de l'Ecriture Sainte , de feize cens foixante & dix mille hommes ; Et comme les gens propres à porter les Armes ne font pas la cinquiéme partie des Créatures d'une Contrée, les Vieillards , les indifpofez dans leur corps, les Femmes & les Enfans formans au moins les quatre autres, c'est prés de neuf millions de Créatures que cette Contrée contenoit & nourrissoit; c'est-à-dire, sur le pied de cent millions en France, qui pourroient y subsister, si les circonstances étoient égales.

Et il ne faut point faire de reprise sur la fecondité de la Judée, qui n'étoit autre chose que le nombre & le travail de ses Habitans, puisqu'aujourd'hui que les choses ont bien changé, n'y ayant pas cent mil Ames en tout dans cette Contrée par les ravages qu'elle a soufferts, le Terroir y paroit naturellement trés-mauvais, & même presque par tout cailloueux: sa fertilité vantée dans l'Ecriture n'étant que l'effet de ce nombre & de ce travail, ainsi que l'habitation commode des Barbets dans les Alpes.

On a fait cette Reprise pour montrer la possibilité où étoit la France de fournir au Roi François I. sur le pied de trois cens millions de rente, n'ayant point les entraves qu'elle à souffertes depuis, & qui l'ont énervée de plus de la moitié; Et qui est une

garantie certaine pareillement de la
facilité qu'elle aura de se rétablir daus
son état naturel , lorsque les causes
violentes qui la réduisent en ce pito-
ïable état seront cessées , comme cela
se peut en un moment en cette occasion , comme dans toutes les autres
où la Nature souffre violence , suivant
le Principe des Philosophes , que tout
ce qui est violent ne peut durer : Ce
qui forme une espece de certitude de
voir bien-tôt rétablir le Royaume, les
maux comme les biens ayans leur periode & leur durée , aprés lequel expi-
ré il faut une revolution qui remette
les choses au premier état , sur tout
les biens. Et les cœurs des Peuples
étans également disposez à toûjours
également bien faire , au moment que
l'on les mettra en pouvoir d'en donner
des marques & des effets de l'un & de
l'autre ; & dont il semble que l'on aye
pris le contre-pied depuis trés-long-
tems.

MEMOIRE.

Qui fait voir en abregé, que plus les Bleds font à vil prix, plus les Pauvres font miferables, ainfi que les Riches, qui feuls les font fubfifter ; & que plus il fort de Grains du Royaume, & plus on fe garantit d'une Cherté extraordinaire.

ON a vécu en France depuis quarante ans dans une fi grande erreur à l'égard des Bleds , tant par rapport au Corps de l'Etat ; c'eft à dire les revenus ordinaires , dont ils font la plus confiderable partie , qu'à

l'égard de la nouriture particuliere de
la plûpart des Sujets , que l'on peut
aſſûrer ſans exageration , que cette
ſeule mépriſe coûte au Royaume plus
de deux cens millions de rente , &
la vie à plus de dix millions de Créatures , péries autant par le grand aviliſſement des Grains , que par l'extréme
cherté, l'un & l'autre étans également
déſolans ; qnoi que ce ſoit ce qu'on
penſe le moins du premier , ſans faire
reflexion que le manque de beſoins
fait autant mourir de monde , ſur tout
dans les maladies , que le manque de
pain en pleine ſanté , ce qui eſt inſé-
parable de l'aviliſſement des Grains,
qui ruine tous les revenus , tant des
fonds que d'induſtrie.

On a regardé cette Denrée primitive , comme un preſent gratuit de la
Nature , ainſi que les truffes & champignons, de maniere que toutes les années ne ſe rencontrant pas d'une égale
fecondité ou liberalité ; ce qui met
une neceſſité de compenſation entr'
elles , pour éviter les ſiniſtres effets de
la ſterilité : On a crû , dis-je , que
c'étoit un moyen certain de s'en ga-

tantir, d'empêcher presque en tout
tems la sortie des Bleds, & même dans
la plus grande abondance, de ne la
permettre qu'avec un impôt ; tout
comme on a pensé , qu'afin que le
pauvre & le mediocre pussent subsister , il faloit que les Grains fussent
toûjours à grand marché , pendant
que c'est justement le contraire , &
que ces deux interêts sont également
blessez par cette conduite ; c'est à dire , que le pauvre périt par l'avilissement du prix des Bleds , & l'extrême
sterilité ou cherté est inevitable de
tems en tems s'il n'y a une continuelle permission d'enlevement hors le
Royaume, excepté les temps de cherté extraordinaire , qui portent même
leur défense avec eux : Ce qu'on va
faire voir en peu de mots d'une façon
si invincible , que malgré la préven-
tion , on ne craint point de repartie
qui aye seulement apparence du sens
commun.

La terre en France ne donne point les Bleds, mais les vend en la plûpart des lieux très-cherement; & s'il y a quantité de Contrées entiérement stériles & non cultivées, c'est que le Païs n'a pas moïen de païer la récolte par les frais qu'il faudroit pour l'a profitement, parce que la dépense excederoit le prix de la marchandise.

Ce n'est pas tout-à-fait de méme par tout ailleurs, on prétend qu'en Egypte, aprés que le Nil est retiré, on n'a qu'à jetter la semence sur la vase, & qu'elle vient en perfection sans labour & sans engrais. Tout comme en Moscovie, la nége étant fonduë au mois de Juin, un simple labour sur un terroir trés tendre, sans plus grands frais, produit une récolte fort abondante en deux mois de tems.

On peut concevoir par l'article precedent que les terres ne sont pas d'une égale cherté; & que comme

Sans parler du prix du Maitre, qui ne faisant pas ordinairement valoir son fonds, mais le donne a profiter à un Fermier; il y en a trés peu qui ne vende sa levée à celui qui cultive au moins vingt-frâes presque toûjours ving-six ou vingt-sept par arpent, & quantité jusqu'à trente ou trente-cinq, qu'il faut payer à cette terre, ou il demande son congé, ou plutot on est obligé de le lui donner.

il y en a que l'on abandonne, parce que les fruits en sont hors de prix, il s'en trouve de beaucoup plus raisonnables, qui ne vendent leur rapport qu'une somme que l'on est presque toûjours en état de leur payer; mais comme ce sont les meilleures, qui ne font pas à beaucoup prés le plus grand nombre, on voit la necessité qu'il y a de ménager les autres, puisque sans leur secours, ces premieres ne pourroient pas à beaucoup prés faire subsister le Royaume.

C'est si bien ce prix ignoré qui mene tout, qu'il ne seroit pas na-

Il faut donc necessairement descendre dans le détail du prix qu'elles vendent leurs levées ou leurs récoltes, ou leurs marchandifes; à quoi on n'a jamais fait de réflexion en France, & on a toûjours agi cõme fi cette Denrée étoit de la nature des truffes, & qu'elle ne coûtât rien; quoiqu'on vienne de marquer en gros à peu prés le taux qu'elles y mettent, qui hauffe à mefure des autres chofes. Il eſt donc à propos d'en faire un détail particulier.

turellement impoffible de faire porter une récolte auffi abondante aux montagnes & aux terres les plus cailloüeufes, que l'on voit dans les terroirs les plus féconds, fi les frais d'engrais qu'il faudroit faire pour y parvenir n'excedoiét beaucoup le prix des levées; quoique les maures chaffez d'Efpagne offrirent, fi on les vouloit recevoir en France, de l'executer à l'égard des Landes de Bordeaux & de la Crau de Provence, & que les Barbets mêmes l'ayent fait dans les Alpes.

A prendre toutes les terres l'une

En 1530. & 1540. le Bled ne

se vendant le septier de Paris que vingt-sols, qui vaut aujourd'hui par année commune quinze francs,[tout étant ruiné quand il est beaucoup au dessous, tant pauvres que riches;]toutes les terres étoient néámoins exploitées avec profit par les Laboureurs; parce que ce bas prix de la Marchandise étoit le même, & au niveau des frais qu'il faloit débourser pour l'aprofitement, & il n'y a que cette disparité aujourd'hui qui gâte tout; quoique les pauvres ne le portant l'autre à six francs l'arpent de fermage, y en ayant beaucoup plus au dessous qu'au dessus: Il faut d'abord quatre labours, que l'on paye cinquante sols chacun; ainsi dix livres: Il faut pareillement un septier de Paris pour la semence; ainsi huit livres: Au moins dix chartées de fumier a vingt sols chacune, par répartition l'une portant l'autre de chaque année, puis qu'il en faut plus de trente dans celle de l'engrais: trois livres pour moissonner; & douze livres pour

le

Maître, parce que la terre de deux années en a une de repos qu'il faut également payer, tout va à quarante cinq livres. Or *quand la recolte donne quatre septiers, elle passe*

veulent pas comprendre, & même des gens bien plus éclairez qu'eux, qui n'étant point Laboureurs, jugent encore des Bleds comme des Champignons sauvages.

pour excelente, ce qui arrive trés-peu: Cependant le Bled étant à huit livres le septier dans les Provinces, c'est-à-dire dix francs à Paris, il faut que le Maître ou le Fermier fasse banqueroute, comme font tous ceux qui ne peuvent vendre leurs Marchandises qu'à perte.

Il faut donc, afin que tout le monde soit riche, ou plûtot que chacun vive, que toutes les terres, tant bonnes que mauvaises, soient labourées autant qu'elles le peuvent être, sans

Toutes les Professions du roïaume, quelles qu'elles soient ont autant d'interest à l'aproficement d'une Ferme que le maitre, quoique c'est ce qu'elles comprennent le moins

T

Or comme un Maitre ou Proprietaire est dans la derniere desolation , quand il voit , que bien qu'il achete lui-même, le Bled est *y épargner aucuns frais , lequels mênent la recolte, étât plus ou moins bonne à proportion que l'on y a fait de la dépense.*

à un prix auquel son Fermier ne le peut payer, toutes les autres Professions doivent entrer dans les mêmes intérêts & faire le même raisonnement. Le Laboureur ne cultive donc point la terre pour lui seul , mais pour toutes les Professions quelles qu'elles soient , & elles participent au sol la livre à sa destinée , quoi qu'elles n'aspirent toutes qu'à sa ruine , & par conséquent à la leur propre , en souhaitant & voulant acheter les Grains beaucoup moins qu'ils ne coutent à les faire venir.

Ce qu'il y a d'éfroyable est , que lorsque l'Artisan & l'Ouvrier souhaitent le Bled à *Or cela ne peut être , tant que la Marchandise , ne peut porter ses frais , dont le der-*

nier eſt le pàiement du Maitre, la Taille ou autres Impots, qui vont pour le moins à trente ou quarante ſols par arpent, & que l'on avoit oublieز dans les quarante-cinq livres, marchens encore devant : Ainſi ce Maitre étant demeuré en arriére, le malheur ſe répand non ſeulement ſur lui, mais ſur toutes les Profeſſions à quï il eut fait part de ſa recette, ne la percevant qu'à cette intention ; comme elles de leur côté n'ont ni maintien ni opulence, que ce qui leur vient de cette part, ainſi il faut qu'el-

bon marché, ils deſirent leur ruine, attendu que c'eſt l'aviliſſement qui les fait perir, & non le grand prix lorſqu'il n'eſt pas exceſſif, ce qui n'entre point dans le raiſonnement. En éfet, l'homme de journée n'eſt pas miſeble, parce qu'il lui faut pour cinq ou ſix deniers de pain plus qu'à l'ordinaire, & même un ſol, n'étant queſtion que de cette ſomme, mais parce qu'il ne trouve point de travail ; ce qui eſt une ſuite néceſſaire du bas prix du Bled, qui met les Propriétaires des

T ij

fondshors de pouvoir de donner de l'emploi à presque toutes fortes de gens.

Ce Peuple qui raifonne comme une bête, gagnant bien fa vie, le Bled étant à bon prix (par la raifon qu'on a marquée) loin de fonger qu'il en a obligation à ce prix, eft affez ftupide pour s'en plaindre, & croire que l'on puiffe voir deux contraires : Savoir, que les Maitres des fonds les puiffent faire travailler, n'étans point payez de leurs Fermiers ; & le mal eft, qu'ils infpi-

les periffent lorfque ce fond vient à leur manquer.

Que l'on faffe une paralelle de l'état du Peuple à Paris en 1699. que le Bled valoit dix-fept ou dix-huit livres le feptier, & en 1706. où il ne vaut pas la moitié, l'on verra une très-grande difference d'opulence ; les Feüilles des Quétes des Commis des Aydes, & les Regiftres des Marchands font foi qu'il y avoit plus de la moitié de differen-ce ; c'étoit la même chofe dans les Provinces; cette fituation étant solidaire à l'égard de tout l'Etat, sur tout dans les Contrées limitrophes de Paris & il y a eu trois fois plus de banqueroutes à Paris & ailleurs depuis trois ans, qu'il ne s'en étoit fait dans ce tems de prétendue cherté.

Tout le mal entendu de ceci vient de ce que les Bleds ayant de violentes révolutions tous les quatre ou cinq ans, tantôt de cherté, tantot d'avilissement. Dans le premier cas, comme toutes sortes de terres se peuvent labourer avec profit, les

rent ces sentimens aux personnes en place, qui n'étant point Laboureurs, n'entendent pas ce détail, seulement connu aux gens de cette profession, qui ne sont point en état d'en écrire, encore moins de se faire écouter

Ainsi il faut à quelque prix que ce soit maintenir le prix une fois contracté par les Bleds, quand il n'est pas de la derniere violence, non seulement par rapport à son excroissance, qui cesse en plusieurs endroits, par les raisons marquées à

T iij

côté, mais même par le rengrégement de misere que cela cause aux Proprietaires des fonds, attendu que toutes choses hauffent également dans les années de cherté, puis les Grains baiffant, toutes fortes d'Ouvriers ne veulent point fuivre ce fort, & aiment mieux ne rien faire, ce qui eft la ruine generale de l'Etat.

Fermiers n'y épargnent rien ; ce qui mettant la preffe aux Gens de journée, ils rencheriffent le prix de leur travail, ce qu'on leur accorde, parce qu'il y a encore à gagner ; puis quād la chance vient à tourner par l'aviliffement, ils ne veulent point baiffer, ce qui fait tout le malheur dont on vient de parler, & ce qui diminuant les frais & les foins des labeurs, rend les recoltes moins abondantes, & caufent infailliblement la cherté extraordinaire dans les années qui fe rencontrent-fteriles.

C'étoit à peu prés dix ou onze francs le feptier à

On ne trouva point étrange en 1600. que les

Grains euffent tri-
plé de prix de ce
qu'ils étoient cin-
quante ans aupa-
ravant, parce que
les fouliers, & le
refte à proportion,
qui ne valoient que
cinq fols en 1550.
étoient vendus en
1600. quinze fols,
tout comme le Bled
ayant pareillement
triplé de prix en
1650. les fouliers

Paris, & dans les
Provinces à pro-
portion, & au-
jourd'hui en 1707
que les fouliers
valent cinq livres,
& le refte de mê-
me ; on veut que
le Bled ne foit
vendu que le mê-
me prix, bien qu'à
proportion il dût
être à vingt deux
livres.

firent de même & furent vendus quarante-cinq, & cinquante fols.

Cette gradation
étoit l'éfet de la
liberté d'enléve-
ment & de tranf-
port, dont jouïffoit
cette Denrée, l'œ-
conomie de ces pro-
portions de hauffe
étant uniquement
l'affaire de la na-

Cette Denrée
étant extreme-
ment delicate, la
moindre chofe
peut faire pancher
la balance du côté
que l'on veut :
Ainfi Meffieurs les
Miniftres font
abfolument maî-

tres du prix, puis-
qu'un leger enle-
vement hors le
Royaume l'a fait
considerablement
hauser, sans que
cela puisse au-
cunement inte-
*ture, & l'inter-
vention d'une au-
torité supérieure,
ne peut s'en mêler
sans tout gâter com-
me il arrive au-
jourd'hui.*

resser la nourriture des Peuples, qui
est sa fonction la plus nécessaire, n'é-
tant pas une once de pain sur une
fourniture de cent livres, outre que
cela fait labourer les mauvaises terres,
& rend par consequent deux ou trois
mil pour un.

Cette doctrine
ou cét interest est
fort bien conçû
par l'Angleterre
& la Hollande, où
le Peuple a la prin-
cipale part au
Gouvernement
car quoi que le
terroir n'i soit pas
du degré de fe-
condité qu'il est
*Ce qu'il y a
d'étonnant est que
ces personnes,
lesquelles manque
de connoissance,
s'allarment de voir
un moindre enléve-
ment de Grains au
dehors, comme de
deux ou trois cens
muids, qui suffi-
roient à mettre un*

prix pour en faire croître mille fois davantage dans le Royaume, ce qui est constant en fait, ne s'étonnent point d'appercevoir quantité de terres délaissées, parce que la recolte ne pourroit pas payer les frais; d'autres sans nul engrais ni fumier, par les mêmes raisons, & enfin de voir prodiguer les Grains dans leur avilissement, comme il arrive tous les jours, à la nourriture des bestiaux & confections des Manufactures; savoir, Bieres, Amidons & autres, ce qui en abime, encore en France, sur tout dans la derniere, où il ne croit pas la dixiéme partie des Grains de ce que le Pais consume; cependant l'enlevement y est permis généralement en tout tems, & même en ceux de cherté. Et l'Angleterre rencherit sur cette conduite; puisque dans le tems d'abondance le fisc donne de l'argent à pur profit à ceux qui font sortir les Grains dehors, sachant que c'est une semence qui rapporte plus qu'au centuple, par les raisons marquées.

une fois, mille fois plus qu'un leger enlevement qui auroit conjuré ces malheurs : Bien que le transport hors de France eût été defendu de tout tems, cela n'étoit point observé jusqu'en 1660 que l'on y aporta la derniere rigueur; & l'on voit une Lettre de Monsieur de Sully du Roi Henri IV. par laquelle il lui mande d'arrêter le Parlement de Toulouse, qui empéchoit cet enlevemens, lui marquant que sans cela il ne faloit point attendre d'argent des Recettes.

SENTENCE

Du Chatelet de Paris, qui fixe le prix du Pain.

Du sixiéme May 1649.

DE PAR LE ROY.

Et Monsieur le Prevoſt de Paris, ou ſon Lieutenant Civil.

SUR ce qui nous a été remontré par le Procureur du Roy, qu'il eſt arrivé quantité {de Bled & Farine en cette Ville de Paris, par la Riviere, & que le Bled-Froment ſe donne aux Boulangers à quinze livres le meilleur, le Méteil à douze livres & le Ségle à neuf, qui font *prix médiocres*, & sur lesquels il est nécessaire d'apporter une modération à la vente du Pain, à proportion & eu égard audit prix ; & à cette fin, que le Pain soit distribué au poids, pour connoître lequel les Boulangers de gros & petit Pain seront tenus de mettre leur marque, & le nombre de livres qu'il pesera cuit & bien façonné. NOUS, ayant égard à ladite Remontrance, Ordonnons que les Boulangers tant de gros que de petit Pain, ne pourront vendre le Pain provenant des Bleds conduits par la Rivière : Sçavoir, le gros Pain le plus blanc, qu'à raison de deux sols la livre ; le Pain bis-blanc dix-huit deniers la livre ; & le Pain des Pauvres un sol la livre : Sur lesquels Pains leur enjoignons de mettre leur marque & le Poids. Défenses à eux de contrevenir à nôtre presente Ordonnance, à peine de quatre cens livres d'amende, & de punition corporelle s'il y échet. Enjoignons au surplus aux Boulangers de

de petit Pain , de garder & obferver
l'Ordonnance , fur les mêmes peines.
Enjoint aux Commiffaires du Châtelet d'y tenir la main , & de nous faire
raport par chacun jour des contraven-
tions à la prefente Ordonnauce. FAIT
par Nous Meffire DREUX DAUBRAY
Confeiller du Roi , Lieutenant Civil
au Châtelet de Paris , le fixiéme
jour de Mars 1649.

Signé, DAUBRAY & BONNEAU.
HUBERT Gréfier.

*Le Samedi fixiéme jour de Mars
1649. l'Ordonnance cy-deffus a été lûë
& publiée par moi Jean Joffier , Juré
Crieur ordinaire du Roi en la Ville,
Prevôté & Vicomté de Paris , par les
Carrefours ordinaires & lieux accou-
tumez de cette Ville & Fauxbourgs. A
ce faire j'avois trois Trompettes , Jean
du Bos, Jacques le Frain , & un autre
Commis de Didier Ordin , dit Champagne , Iurez Trompettes. Signé,
JOSSIER.*

IL est à remarquer que les mêmes personnes qui déclaroient le prix du Bled médiocre étant à quinze francs le septier à Paris, l'avoient vû quarante ans auparavant à prix cóurant à moins de cent sols, c'est-à-dire le tiers.

Mais ils parloient de la sorte, sachant bien que cette Denrée ainsi que toutes les autres, & sur tout l'Argent, n'ont point un prix absolu, mais relatif à tout le reste ; de maniére que les crûës d'argent dans l'Europe, ayant fait pareillement tripler toutes choses, ils laissoient joüir tranquilement les Grains de leur cote-part, pour maintenir l'harmonie & les proportions dans le Commerce, ce qui forme seul l'opulence.

De façon que sous le Regne du Roi François I. le Bled étoit à vingt sols le septier sans rien déconcerter, comme l'on a montré dans ce Mémoire, & est à present à cent francs aux Isles de l'Amerique, avec la même justice.

Toutefois aujourd'hui que toutes

les autres Denrées, fur tout les jou‑
nées d'Ouvriers & gages de Valets,
tant des Villes que de la Campagne,
ont au moins augmenté de moitié de‑
puis 1649. en forte que les Bleds de‑
vroient valoir vings-deux livres dix
fols le fept'er à Paris, pour confer‑
yer ce nivau ou ce principe d'opulen‑
ce, on n'a eu ny repos ni patience,
non feulement pour leur dénier cette
juftice, mais même pour leur faire
perdre celle qu'on leur avoit faite dans
les tems précedens, & l'on a fait con‑
fifter les héroyfme à les avoir réduits
à moins de dix francs le feptier la tê‑
te de Bled à Paris ; ce qui forme pref‑
que feul la mifére publique, & coûte
plus au Royaume quatre fois que la
guerre prefente, fans parler de l'aban‑
don de la plûpart des terres de dificile
aprofitement, & de prodigalité des
Grains à des ufages étrangers, ce qui
menace d'un fâcheux contre-coup à la
premiere année ftérile, ainfi qu'on
a montré.

Mais comme tout ce méconte n'eft
que la fuite d'une violence faite à la
nature par un zéle aveugle & mal fon‑

dé, la simple reconnoissance de la verité peut tout rétablir en un moment, & par conséquent l'opulence publique : n'étant pas question d'agir, mais seulement de cesser d'agir ; ce qui n'éxige qu'un instant.

Causes de la rareté de l'Argent, & éclaircissement des mauvais raisonnemens du Public à cet égard.

LA rareté & cherté que l'on voit aujourdhuy des Espéces d'Or & d'Argent, sont moins surprenantes que les raisons que l'on en alegue lesquelles étant entiérement fausses, font cause que bien loin d'user de justes demarches pour arrêter le mal, on prend entiérement le contre-pié ; & la difficulté de recouvrer ces métaux, donne occasion de redoubler les maniéres qui le font disparoître & sequestrer du Commerce, comme on peut dire qu'il arrive tous les jours.

L'erreur vient de ce que par un avenglement éfroyable on regarde en France ce Métail comme un principe de richesse, & fruits du Païs, ainsi

qu'il eſt au Pérou, où prenant naiſſance, il n'y croît aucune denrées : au lieu
que la France les produiſant toutes, il
n'eſt que le lien du Trafic & le gage
de la tradition mutuelle, lorſqu'à
cauſe de leur multiplicité elle ne ſe
peut pas faire immédiatement comme
dans l'enfance du monde, dans lequel
tous les beſoins de la vie ſe réduiſant
à trois ou quatre Profeſſions, & toutes
les Conditions étant preſqu'égales, le
commerce s'en faiſoit de main à main,
ſans ce miniſtére de gages ny d'apré-
ciations, ainſi qu'à preſent.

En éfet, homme qui a dix mille
livres de rente en terres, n'eſt point
un Sujet ſur les fonds duquel il croiſſe
dix mille francs d'argent, mais bien
pour la valeur ou l'équivalent de dix
mille livres de Bleds ; de même d'un
Propriétaire de Vignes ou d'une Foreſt
Or comme chacun de ces Particuliers
ne peut ni conſommer pour ſon uſage
perſonnel pour dix mille livres de
chacune de ces Denrées, ni ſe paſſer
des autres beſoins de la vie, qui ſont
en bien plus grand nombre ; il faut
que chaque poſſeſſeur de ces biens

finguliers en échange l'excédent par parcelles avec fes voifins , qui fe trouvent dans la même fituation à l'égard des autres. Et comme encore une fois ce commerce ne fe peut faire immédiatement à caufe de la grande diverfité ; l'Argent , par un confentement commun , devient le garand de la livraifon future de la chofe que le premier vendeur a intention de fe procurer , lorfque celui avec qui il contracte n'en eft pas actuellement marchand , comme il arrive prefque toûjours.

Un Laboureur qui vend du Blé à un Marchand de Brocard , ne peut pas prendre de cette Denrée en échange , n'étant point de fon ufage ? mais il reçoit de l'argent qu'il donne à un Ouvrier de Souliers ou de gros Drap, lefquels tenant leur maifon à loyer d'un grand Seigneur, ils luy remettent cet argent du Laboureur reçû du Marchand de Brocard , qui lui eft reftitué ou compenfé par ce Propriétaire de maifon , qui reçoit en contr'échange ce Brocard , fuivant l'intention des deux premiers contractans.

& cette circulation est toûjours la
même, quand le tout n'auroit été
éfectué qu'aprés le passage de deux
cens mains ou Professions qui composent aujourd'huy la France, comme
il est même nécessaire que cela soit
pour leur commun maintien, ayant
toutes une solidité d'Intérest entr'elles
qui fait que le dépérissement de l'une
attire aussitôt celuy de l'autre, quoy
qu'on peut dire, que par une corruption éfroyable, il n'y en a pas une qui
ne travaille depuis le matin jusques au
soir à se détruire réciproquement,
& qui ne voulût vendre sa Marchandise trois fois plus qu'elle ne luy
revient, & avoir celle de son voisin
pour trois fois moins qu'elle ne luy
coûte à établir.

Il résulte de tout cecy, que dans
l'état d'opulence & de fourniture
entiére à tous les hommes de leurs
besoins, l'Argent n'en est rien moins
que le principe, mais seulement le
garand de ces échanges, & de la fi-
dêle exécution de l'intention des
contractans, quand elle ne se peut
éfectuer immédiatement.

Il y a même plus , dans les conjonctures de richeffe & que toutes
chofes font en valeur , non feulement
l'Argent n'eft point le principe de
l'opulence , mais même il eft difpenfé
de la plûpart de ces fonctions de garantie : comme il n'y a que les pauvres
qui ayent befoin de caution , & une
infinité de Particuliers étans riches à
proportion de leur état, leur Billet
vaut d'Argent , & maintient cette
circulation & cette échange continuelle que les Efpéces faifoient auparavant , avec même plus de facilité &
d'agrément , par la commodité du
tranfport aifé que cette forte de Monnoye, a pardevers elle, & une affurance
contre les enlévemens violens : C'eft
de cette maniere que les Foires de
Lyon font menées , lefquelles con-
fiftant en plus de quatre-vingt milions
de payemens par an , Il n'y en a pas
un en argent comptant, tout fe faifant
par Billets, lefquels après une infinité
de mains , retombent toûjours au premier Tireur , où il n'échet qu'une
compenfation.

C'eft alors que l'on dit ridiculement que tout abonde d'argent, parce que cette matiére si précieuse dans les temps de disette, devient absolument à rebut dans ceux d'abondance, la garde en étant tout à fait infructueuse, au contraire des autres Denrées, sur lesquelles on peut faire sa fortune, & étant réduite à n'avoir du sage que chez le menu Peuple, qui trouve extrêmement son compte dans cette situation, il n'i repose jamais un moment, mais voltige toûjours; un même Ecu passant par cent mains en une journée, fait estimer autant d'argent nouveau, ce qui n'est qu'une seule Espéce

Dans cette situation, l'Argent étant presqu'inutile dans le Commerce, le gros se faisant entiérement avec des Billets par la solvabilité des Contractans, & le menu presqu'à crédit? tous les Ouvriers par la valeur soûtenuë de leurs Denrées réciproques, n'ayant pas besoin d'autre garand que les Denrées mêmes, & l'Argent n'i aiant point d'autres fonctions que de servir de caution à leur défaut, il reste encore une fois presque par tout in-

utile , ce qui le fait détourner en des
usages étrangers ; sçavoir à la magnificence , où l'Orfévre tient le premier
lieu , ensuite à des Manufactures , &
des embellissemens des Temples & des
Maisons ce qui joint à la consommation des Marchandises Orientales ,
que l'on ne peut recouvrer qu'avec le
transport des Espéces , en des Païs
d'où elles ne reviennent jamais , en
absorbe beaucoup davantage que
toutes celles que l'on suppose être
passées en Italie & en Allemagne ces
années derniéres. Or la conjoncture
de disette de ce Métail , telle qu'elle
est aujourd'huy , non seulement arrête
ces détours , mais même fait restituer
au Commerce tout ce qui est possible,
ou qui n'est pas entiérement anéanti ;
en sorte que , tout compensé , cela
égale au moins ces prétendus trans-
ports hors le Royaume à cause de la
Guerre.

Voilà l'état où étoit la France en
1660. que l'Argent se trouvoit trés-
commun & trés-à rebut , quoiqu'il
en existât constamment beaucoup
moins qu'il ne peut y en avoir à pre-

sent, par raport aux réformes de 1642
1689. & 1694. & cette Denrée étoit
si peu l'unique bien comme aujour-
d'huy, que l'on préféroit presque par
toutes les Provinces un morceau de
Parchemin ou les Provisions d'une
Charge de Robe sans nul revenu à
cens sacs de mille francs, & l'on
vouloit en avoir davantage ; & à
present, cet Efet ou ce Parchemin,
préféré à cent mille francs, n'a pas
cet avantage sur trente pistoles, &
l'on aime mieux cette modique somme, par une cessation de Polette
commencée, que de s'assurer une
chose autrefois si précieuse, & presentement si fragile : Dira t'on que c'est
manque d'argent, & que c'est qu'il y
en a trois cens fois moins, ainsi qu'il
seroit nécessaire d'alléguer à present,
qu'il ne s'en trouvoit en 1660. Comme cela seroit ridicule à énoncer, &
que tous les autres Efets ont reçû à
peu prés le même sort, les uns plus,
les autres moins ; il est à propos d'en
circonstancier la cause, quoy qu'elle
saute aux yeux de tout le monde.

On a dit que la richesse consistant
dans

dans la possession de tous les besoins de la vie, ce qui ne pouvant être sans le ministére d'une infinité d'Ouvriers, il faut qu'ils soient dans un commerce perpétuel, pour se soûtenir réciproquement par une échange continuelle, le maintien ou la destruction de chaque Denrée en particulier, devenant aussi tôt solidaire à tout le corps.

Ce sont les fruits de la terre qui commencent ce mouvement ; sçavoir, les Bleds & les Vignes : Et c'est à l'aide de l'excédent de ces deux Denrées, que les Propriétaires des fonds se procurent tout le surplus, dont la fabrique sont les terres, comme les mains des Ouvriers sont les mains dont ils subsistent ; & se procurent par échange le Pain, le Vin & le reste : Il est donc nécessaire d'y soûtenir les proportions de prix, afin que les uns ny les autres ne vendent point à perte ; laquelle situation subsistant dans sa perfection, la solvabilité réside toûjours dans chaque sujet par la valeur de son Ouvrage ? & le contraire attribuant à un de ces Personnages, qui joüent tous leurs Rôles dans la

X

République, le déchet rejaillit incontinent sur tous les autres à proportion de la figure qu'ils y font ? ce qui, comme un levain contagieux, va toûjours en augmentant, & fait enfin dépérir des Contrées entiéres si on n'y met ordre.

Or les Vins & les Bleds ayant été bombardez d'une façon éfroyable depuis quarante ans ? sçavoir les Grains, par les défenses d'enlévement au dehors dans le temps d'abondance : ce qui en avilit si fort le prix, comme il arrive aujourd'huy, qu'il n'atteint pas à la moitié des frais de la culture, bien loin de remplir les autres charges comme le payement des impôts & du fermage : Et les Vins, par des Tributs sentant plûtôt la confiscation que la contribution, il est arrivé que l'une & l'autre de ces Denrées a rendu leurs possesseurs trés-misérables, & mis par conséquent hors d'état de se procurer de tous les autres Ouvriers le surplus des besoins de la vie, ce qui par contrecoup les a également anéantis : Un Laboureur demeure sans Souliers, sans Chapeau & sans Habits

parce qu'il n'a sçû trouver dans le prix
de la vente de ses Denrées ; après la
cotte-part de son nécessaire, sur une
seule espéce , dequoi se procurer les
autres choses : Et par la même cause ,
le Chapelier , le Drapier & le Cordonnier n'ont pû recouvrer par leur
travail , qui leur est demeuré inutile ,
dequoi avoir du Pain & du Vin de ce
Laboureur & Vigneron ; chaque
espéce périssant par l'abondance de sa
Denrée personnelle , & la disette d'un
autre : pendant que les uns & les
autres auroient pû être très riches &
très-heureux , si l'échange & le trafic
continuel , qui est nécessaire pour
l'harmonie de l'Etat & le commun
maintien , n'avoient été interrompus
par des coups violens , & jettez dans
le misérable état où tout est à present.

Et la raison que l'on apporte de ce
desordre , sçavoir , le manque d'argent , est le comble du ridicule ,
puisqu'outre que dans la situation
florissante de chaque Profession il n'est
presque pas nécessaire , attendu la
solvabilité visible de tous les Sujets ,

tirée de la valeur de leurs Denrées ; ce qui forme autant d'espéces de monnoie, lesquelles dispensent l'argent de la plûpart de ses fonctions ; pour surcroît, l'argent même dans cette conjoncture de consommation abondante, changeant à tous momens de main, a la même vertu que si c'étoit toûjours des espéces nouvelles.

Au lieu que dans ce déconcertement de Commerce par les [raisons marquées, toutes les Denrées, loin d'être de l'argent, ne sont que de fumier, ainsi nulle solvabilité dans les Possesseurs. Un Laboureur a beau avoir plein sa maison de Vins, de Grains, & de Bestiaux, tout le monde voyant que par le bas prix il n'a pas de quoi satisfaire à son Maître pour le fermage, qui est toûjours le premier prix, qui que ce soit ne luy veut confier aucune des Denrées dont il a besoin, dans la certitude où l'on est que l'on n'en seroit jamais payé. Tout comme le Cordonnier, le Chapelier & le Drapier se trouvent dans la même situation par la même cause ; c'est en vain que leurs Boutiques sont pleines

de Marchandises, le manque de debit
arrivé par ce premier principe de
destruction du Laboureur, les met
hors de crédit ? puisque pareillement
dans la venduë de leurs bien, le loüage
de maison emporteroit tout. Il faut
donc par tout la le ministere de l'argent, c'est-à-dire qu'il luy arrive cent
fois plus de fonctions qu'il n'en avoit
auparavant ; ce qui devant l'obliger à
augmenter la célérité dans sa marche,
il arrive tout le contraire, & il réside
des mois entiers dans des mains,
où il n'auroit pas été un moment de
temps auparavant, attendu que comme dans les temps d'abondance ? qui
que ce soit ne s'en dessaisit qu'à proportion qu'il espére le pouvoir faire
rentrer, réglant sa dépense à sa recette
Et un homme qui a trente mille livres de rente, dépensant cent francs
par jour, tout comme un autre qui
n'en a que la dixiéme partie, ne
débourse que la même quantité, &
ainsi de tous les autres, soit Ouvriers
ou Propriétaires ; du moment que
tous ces Sujets voyent la certitude de
la diminution de leur recette future,

ils en font autant de leur dépense , & par conséquent de la sortie de l'argent Et comme non seulement une personne ou deux se trouvent dans cette disposition , mais généralement tout le monde ; chacun ren hérissant sur son compagnon , comme étant la conduite la plus sage & qui seule peut empêcher ou retarder le dépérissement on ne doit pas s'étonner de voir la rareté & cherté de l'argent , mais non pas en apporter les pitoyables raisons que l'on en allégue aujourd'huy , n'y en accuser le manque d'existance , mais seulement la grande survenuë de nécessité de fonctions personnelles, & d'obligations en même temps de diminuer son service par celuy de son cours.

A cét ennemy de l'opulence publique & de la circulation de l'argent , il en survient un autre non moins remply de desastres, qui est la nécessité pressante de fournir les besoins du Roi : comme il a sa part de ces dépérissemens de revenu qui diminuent pareillement ses biens , ou attaque

personnellement les immeubles &
l'argent même, on leur livre la guerre,
ce qui par le premier sape, quantité
de fabriques de monnoie, sçavoir, le
crédit qui n'est qu'a proportion de la
valeur des fonds que l'on posséde,
qui s'en va avec leur destruction : Et
par cette guerre que l'on fait à l'argent, on ajoûte aux nécessitez de sa
longue garde que l'on vient de remarquer, celle de la crainte d'en être
dépossédé contre sa volonté ; outre
que par la Jurisprudence établie,
étant difficile de compter qu'els biens
on peut posséder avec certitude, &
n'y ayant nulle assurance que la cot-
tité de sa contribution aux besoins du
Prince ne soit pas sa dépoüille entiére
il arrive delà que l'argent seul pouvant se sequestrer à cette conduite, il
aquierre non seulement par là une
préférence, mais même une singu-
larité de prix sur les autres Denrées,
ce qui les réduit toutes en fumier, &
fait qu'il arrive comme dans les Banqueroutes, où l'on donne tout pour
peu de chose afin d'avoir de l'argent,

qui seul peut être hors d'atteinte des
créanciers, & de ceux à qui il est dû,
ce qui est la ruine d'un Etat ; & ce qui
se faisant par tromperie dans les Banqueroutes, se pratique par prudence
dans la conjonture presente, & porte
en même temps la rareté de l'argent
en un point infini.

L'état de ces dispositions est, que
la moitié de la France est misérable,
parce qu'elle est privée de pain, de
vin, de viande & des autres Denrées
nécessaire, comme est tout le menu
Peuple & les Gens vivant de leur
travail : & l'autre partie, qui sont les
Propriétaires des fonds, périt également par la trop grande abondance
de toutes ces choses, dont elle ne
peut trouver de debit ; en sorte qu'il
en arrive comme dans la nourriture de
deux Sujets particuliers, dont l'un
meurt de faim, & l'autre de replétion
pour avoir pris trop d'alimens,
pendant que la compensation de ces
extrêmitez auroit sauvé l'un & l'autre
Dans un corps d'Etat comme la France, qui souffre ce sort aujourd'huy,

c'eſt à l'argent à en faire l'aliage & le trafic, pour former deux perfections de deux grandes défectuoſitez : Or depuis quarante ans la ſurpriſe de Meſſieurs les Miniſtres eſt ſi grande, que toutes leurs attentions, depuis le matin juſqu'au ſoir, ne tendent qu'à le priver de ces fonctions ſi néceſſaires, pour leſquelles ſeules il a été introduit dans le monde ; & ſur tout dans les Païs, comme ce Royaume où il n'eſt pas un fruit de terroir ainſi qu'au Perou ; en ſorte qu'il y a un divorce continuel entre l'Argent & les Denrées, au lieu d'être dans un commerce perpétuel ; ce qui en fait par conſequent autant des Denrées mêmes

L'Argent n'eſt point rare faute d'exiſtence, mais parce qu'étant néceſſaire qu'il marche toûjours ſi on veut voir de l'opulence, on met tous les hommes aujourd'huy dans la cruelle néceſſité de ne s'en deſſaiſir qu'à la derniére extrêmité.

L'Argent eſt rare, par ce que ſa nature étant de garantir la tradition des échanges lorſqu'elles ne ſe font pas immédiatement , & partageant cette fonction avec une infinité d'autres effets, soit meubles & immeubles, dont les porteurs de procuration étoient le papier & le parchemin ; leur destruction lui renvoye tout le fardeau personnellement sur le corps , pendant que bien loin qu'il lui soit permis d'augmenter la vitesse de sa marche par ce surcroi d'occupation , c'est cela même qui la retarde , comme l'on vient de marquer.

L'Argent est rare , attendu que dans les temps d'abondance , ne formant la vingtiéme partie des bien, dont une infinité avoient une préférence entiére sur une quantité effroyable de ce Métail ; & tous , quels qu'ils fussent , ont une concurrence certaine & proportionnée au prix ordinaire des choses : à présent il n'y a plus que luy seul qui se puisse appeller richesse.

L'Argent est rare enfin , attendu qu'outre toutes les raisons marquées on lui fait la guerre , & que l'on le veut enlever malgré la volonté du Possesseur; & qu'il lui en arrive com-

me on verroit aux hommes , si on les
prenoit par force, tous s'iroient cacher
dans des retraites & des cavernes ; &
si quelqu'un venoit dire alors qu'ils
sont morts ou ont passé dans les Païs
étrangers , il seroit assurément estimé
extravagant. C'est à peu prés le même
raisonnement que l'on fait aujour-
d'hui de l'Argent , & comme il ne
faudroit qu'un moment pour faire re-
paroitre ces hommes , il n'est pas nécessaire de davantage de temps pour
rendre l'argent plus commun qu'il ne
fût jamais , & par conséquent le Roi
& tous ses Sujets trés-riches : Il n'i a
qu'à accorder la paix aux immeubles ,
ce qui se peut en un instant, ainsi qu'à
la consommation des Denrées , par
l'adoucissement de quelques Droits
violens , & aussi-tôt les uns & les
autres sortant du néant , redonneront
par leur résurrection un concurrent à
l'Argent , qui le dispensera ou partagera avec lui plus de dixneuf de ses
fonctions sur vingt , avec un sureroi
de vitesse dans sa marche à l'égard
de ce qui lui en restera , par où toute

l'opulence sera rétablie, qui est le principe de la fourniture des besoins du Roi, & non pas la destruction de cette harmonie, comme on a pensé faussement jusqu'icy, sans que la tentative d'une pareille expérience mette rien au hasard, quoique cette sorte de seureté aye été peu exigée jusqu'icy, dans les essais que l'on a fait souvent inutilement, pour faire recevoir de l'argent au Roi.

Tous ces raisonnemens, qui ne sont qu'un précis trés-certain de la pratique journaliére, n'auront qu'une idée de visions creuses, & de spéculation chez les personnes qui n'ont eux-mêmes que la simple théorie du commerce & du labourage, dont il n'y a que le seul usage qui en puisse apprendre les véritables intérêts : De même que c'est cette seule ignorance qui peut excuser la grande dérogeance qu'on y apporte tous les jours, ou plûtôt à l'utilité du Roi & des Peuples, dont le rétablissement dans une félicité entiére ne pend ici qu'en un filet, puisque l'un & l'autre ne con-siffant fiftant que dans une ample joüiffance de tous les befoins , abonde fi fort eu France , qu'il s'en perd trois fois plus, tant excrûs qu'à excroitre , qu'il ne s'en confume ; & l'Argent , à qui il appartient feulement d'en faire le mélange ou l'impartition , & non d'en être le principe , loin de manquer de garantie ou de refufer fon miniftére , eft tous les jours condamné à une oifiveté qui énerve toute fa force , ainfi que de fes Commiffionnaires ; fçavoir , le papier , le parchemin & le crédit ; ce qui n'arrivant que par une violence continuelle, il n'eft queftion que d'un moment , c'eft-àdire d'une fimple ceffation de volonté détermi-née, qui maintient les chofes au mifé-rable état où l'on les voit ; & auffi-tôt la nature agiffant dans toute fa liberté toutes les Denrées reprendront la vigueur que l'on leur a vûë autrefois.

Y

DISSERTATION

De la Nature des Richesses, de l'Argent & des Tributs, ou l'on découvre la fausse idée qui regne dans le Monde à l'égard de ces trois articles.

CHAPITRE PREMIER.

TOUT le monde veut être riche, & la plûpart ne travaillent nuit & jour que pour le devenir ; mais on se méprend pour l'ordinaire dans la route que l'on prend pour y réüssir.

L'erreur dans la veritable acquisition de richesses qui puissent être permanentes, vient premierement de ce que l'on s'abuſe dans l'idée que l'on ſe fait de l'opulence, ainſi qu'à l'égard de celle de l'argent.

On croit que c'eſt une matiere où l'on ne peut point pécher par l'excés, ni jamais en quelque condition que l'on ſe trouve en trop poſſeder ou acquerir; l'attention aux interêts des autres, eſt une pure viſion, ou des réflexions de Religion qui ne paſſent point la Theorie. Mais pour montrer que l'on s'abuſe groſſierement, qui mettroit ceux qui y ſont dévoüez ſingulierement en poſſeſſion de toute la terre avec toutes ſes richeſſes, ſans en rien excepter ni diminuer, ne ſeroient-ils pas les derniers des miſerables qui euſſent jamais été? & ne prefereroient-ils pas la condition d'un Monde habité? Car premierement, outre qu'il leur faudroit être eux-mêmes les fabricateurs de tous leurs beſoins, bien loin de ſervir par là leur ſenſualité, ce ſeroit un chef-d'œuvre, ſi par un travail continuel ils pouvoient atteindre juſqu'à ſe procurer le neceſſaire; & puis dans la moindre indiſpoſition, il faut

droit perir manque de fecours, ou plûtôt de defefpoir.

Et même fans fuppofer les chofes
dans cet excés, un tres-petit nombre
d'hommes en poffeffion d'un tres-
grand Païs, comme il eft arrivé quelquefois par des naufrages, n'ont-ils
pas été autant de malheureux, bien
loin d'être autant de Monarques? Et
il n'eft que trop certain, par les Relations Efpagnoles de la Découverte du
nouveau Monde, que les premiers
Conquerans, quoique maitres abfolus
d'un Païs où l'on mefuroit l'Or &
l'Argent par piques, pafferent plufieurs années fi miferablement leur vie,
qu'outre que plufieurs moururent de
faim, prefque tous ne fe garantirent
de cette extrêmité, que par des alimens
les plus vils & les plus répugnans à
la nature.

Ce n'eft donc ni l'étenduë du Païs
que l'on poffede, ni la quantité d'Or
& d'Argent que la corruption du cœur
a érigé en Idole, qui font abfolument
un homme riche & opulent, il n'en
forme qu'un miferable, comme l'on
peut voir par les exemples que l'on

vient de citer : ce qui fe verifie tous
les jours encore par le paralelle de ce
qui fe paffe au Païs des Mines, où cinquante Ecus à dépenfer par jour, font
vivre un homme moins commdément
qu'il ne feroit en Hongrie avec huit
ou dix fols, qui fuffifent prefque pour
jouïr abondamment de tous les befoins
neceffaires & agréables. On voit par
cette verité qui eft inconteftable, qu'il
s'en faut beaucoup qu'il fuffife pour
être riche, de poffeder un grand Domaine & une tres-grande quantité de
Metaux précieux, qui ne peuvent que
laiffer perir miferablement leur poffef-
feur, quand l'un n'eft point cultivé,
& l'autre ne fe peut échanger contre
les befoins immediats de la vie, comme la nourriture & les vêtemens, defquels perfonne ne fçauroit fe paffer :
Ce font donc eux feuls qu'il faut appeller richeffes ; & c'eft le nom que
leur donna le Créateur lors qu'il en
mit le premier Homme en poffeffion
aprés l'avoir formé : ce ne fut point
l'Or ni l'Argent qui reçûrent ce titre
d'opulence, puis qu'ils ne furent
en ufage que long-tems aprés ;

c'est-à-dire, tant que l'innocence, au
moins suivant les loix de la nature,
subsista parmi les Habitans de la terre,
& les degrés de dérogeance à cette
disposition, ont été ceux de l'augmentation de la misere generale. On a fait
encore une fois un Idole de ces Métaux, & laissant là l'objet & l'Intention pour lesquels ils avoient été ap-
pellez dans le Commerce ; sçavoir,
pour y servir de gages dans l'échange
& la tradition reciproque des Denrées, lors qu'elles ne se pût plus faire
immediatement, à cause de leur multiplicité, on les a presque quittez de
ce service pour en former des Divinitez, à qui on a sacrifié & sacrifie
tous les jours plus de biens & de besoins précieux, & même d'hommes
que jamais l'aveugle Antiquité n'a
immolé à ces fausses Divinitez, qui ont
si long-tems formé tout le culte &
toute la Religion de la plus grande
partie des Peuples. Ainsi il est à propos de faire un Chapitre particulier
de l'Or & de l'Argent, pour montrer
par où ce desordre est entré dans le
Monde, où il a fait un si grand rava-

ge , fur tout dans ces derniers tems,
que jamais ceux des Nations les plus
barbares dans leurs plus grandes inon-
dations n'en approcherent , quelque
defcription épouventable que l'on en
trouve chez les Hiftoriens. On efpere
qu'aprés la découverte de la fource du
mal , il y aura moins de chemin à
faire pour arriver au remede , & que
cela pourra porter les Hommes à revenir de leur aveuglement , d'aneantir tous les jours une infinité de
biens , de fruits de la terre , & de
commoditez de la vie , fules propres
à faire fubfifter l'Homme , pour recouvrer une Denrée , qui n'étant abfolument d'aucun ufage par elle-même,
n'avoit été appellée au fervice des
Hommes , que pour faciliter l'échange & le trafic ainfi qu'on a déja dit :
On efpere , dis-je , qu'aprés cette verification de ce fait inconteftable , &
que la mifere des Peuples ne vient que
de ce qu'on a fait un Maître , ou plûtôt un Tyran de ce qu'il étoit un Efclave : On quittera cette erreur , &
rétabliffant les chofes dans leur état

naturels, la fin de cette révolte sera
celle de la desolation publique.

CHAPITRE SECOND.

LE Ciel n'est pas si éloigné de la
Terre, qu'il se trouve de distance
entre la veritable idée que l'on doit
avoir de l'Argent, & celle que la corruption en a établi dans le Monde,
& qui est presque reçuë si generalement, qu'a peine l'autre est elle connuë : quoique cet oubli soit une si
grande dépravation, qu'elle cause la
ruïne des Etats, & fait plus de destruction que les plus grands Ennemis
étrangers pourroient jamais causer par
leurs ravages.

En effet, l'Argent dont on fait une
Idole depuis le matin jusqu'au soir,
avec les circonstances que l'on a marquées, & qui sont trop connuës pour
être révoquées en doute, n'est absolument d'aucun usage par lui-même,
n'étant propre ni à se nourir, ni à se
vêtir, & aucun de tous ceux qui le
recherchent avec tant d'avidité ; & a

q l pour y parvenir, le bien & le mal sont également indiferens, n'est porté dans cette poursuite qu'afin de s'en deffaire aussi-tôt, pour se procurer les besoins de son état ou de sa subsistance.

Il n'est donc tout au plus, & n'a jamais été qu'un moyen de recouvrer les Denrées, parce que lui - même n'est aquis que par une vente précedente de Denrées : cette intention étant generalement tant dans ceux qui le reçoivent, que ceux qui s'en dessaisissent, ensorte que si tous les besoins de la vie se réduisoient à trois ou quatre espéces, comme au commencement du monde, l'échange se faisant immédiatement & troc pour troc, ce qui se pratique même encore en bien des contrées, les Métaux aujourd'hui si précieux ne seroient d'aucune utilité.

Il n'y a même aucune Denrée si abjecte, propre à nourir l'homme, qui ne lui fût préferée en quelque quantité qu'il se rencontrât, si il étoit absolument défendu ou impossible au possesseur de s'en dessaisir, ce qui le

réduiroit bien-tôt au même état du
Midas de la Fable.

Ce n'est donc que comme garand
tout au plus des échanges, & de la
tradition réciproque, qu'il a été apellé dans le monde, lorsque la corruption & la politesse ayant multiplié les
besoins de la vie, de trois ou quatre
espéces qu'ils étoient dans son enfance, jusqu'à plus de deux cens où ils
se trouvent aujourd'hui ; ce qui fait
que n'y ayant pas moyen que le commerce & le troc s'en fassent de main,
comme dans ces tems d'innocence ;
& le vendeur d'une Denrée ne trafiquant pas le plus souvent avec le
Marchand de celle dont il a actuellement besoin, & pour le recouvrement
de laquelle il se dessaisit de la sienne ;
l'Argent alors vient au secours, & la
recette qu'il en fait de son acheteur,
lui est une procuration avec garantie,
que son intention sera effectuée en
quelque lieu que se trouve le Marchand ; & cela, pour autant & sur un
courant & proportionné, à ce qu'il
s'est dessaisi les mains de la Denrée
dont il étoit propriétaire : Voila donc

l'unique fonction de l'Argent , & chaque degré de dérogeance qu'on y admet , quoy qu'elle se voye aujourd'hui a un excés éfroyable , est autant de dechet à la félicité d'un Etat.

En effet , tant qu'il s'en tient là, nonseulement il n'y a rien de gâté ; & bien loin d'être obligé de sacrifier tous les jours tant de victimes afin de le recouvrer , pour peu qu'il fît le rebelle, si les hommes s'entendoient , il seroit aisé de lui donner son congé , ce qui lui arrive même à chaque moment en une infinité d'occasions , quoi qu'on n'y prenne pas garde.

Comme il n'est tout au plus , ainsi qu'on vient de dire , qu'une garantie de la livraison future d'une Denrée, qu'on ne reçoit pas immediatement en vendant celle que l'on possede , du moment qu'elle se peut procurer sans son ministere, il sera obligé de renfermer tout son orguëil à demeurer absolument inutile & immobile.

Le Cuivre & le Bronze dont on fait de la monnoye pour des sommes considerables , ne le remplacent-ils pas ? N'en a-t'on pas fait souvent de

Cuir dans les occasions ? qui avec la
marque du Prince , qui ne coûte rien,
a la même vertu, & même davantage,
puisqu'il a procuré les besoins de la
vie, plus que n'ont jamais fait les piles
d'Argent au Perou & au Nouveau
Monde.

Aux Isles de Maldives, où les Peuples ne sont point du tout barbares,
étans même polis & magnifiques,
comme on peut voir par les relations,
de certaines Coquilles qui se donnent
par petits sacs, ont le même pouvoir,
& procurent la même certitude de livraison future de ce qu'on veut ou
voudra avoir, que font l'Or & l'Argent par tout ailleurs où ils sont en
vogue, bien que ces Isles n'en soient
pas même destituées , & qui ne laissent pas pour cela d'en souffrir tranquillement la concurrence avec des
matiéres aussi abjectes que font des
Coquilles.

Les Isles de l'Amérique ont été
long-tems , quoi qu'abandonnées en
Argent, sans en connoître l'usage
dans le trafic journalier , même parmi

mi les Nations de l'Europe qui l'habitoient, bien que les Peuples ne man-
quaſſent d'aucuns de leurs beſoins
qu'ils conſtruiſoient deſſus le lieu, ou
qu'on leur aportoit abondamment de
l'ancien Monde.

Le Tabac ſeul faiſoit tout le trafic,
ainſi que la fonction de l'Argent,
tant en gros qu'en detail : Si l'on vouloit avoir pour un ſol de pain, & même moins, on donnoit pour autant
de ce fruit de la terre, qui avoit un
prix fixe & certain, ſur lequel il n'y
avoit non plus de conteſtation que
ſur la monnoye courante, en quelque
Païs que ce ſoit ; & cependant avec
tout cela, le neceſſaire, le commode
& le magnifique, n'y manquoient non
plus qu'ailleurs.

Mais qu'eſt-il neceſſaire d'aller ſi
loin checher des exemples pour verifier cette doctrine ? que c'eſt une
erreur groſſiére de regarder l'Or &
l'Argent comme l'unique principe de
richeſſe, & de la felicité de la vie.

Nous avons dans l'Europe, & on
le pratique de même tous les jours un
moyen bien plus facile & à bien meil-

leur marché, pour mettre ces Métaux à la raison; & detruisant leur usurpation, les renfermer dans leurs veritables bornes, qui font d'être valets & esclaves du Commerce uniquement, & non les Tyrans, & cela en leur donnant pour concurrens non du Cuivre, non des Coquilles, non du Tabac, comme dans les lieux mentionnez, qui coûtent de la peine & du travail à recouvrer, mais un simple morceau de papier qui ne coûte rien, & remplace neanmoins toutes les fonctions de l'Argent, pour des quantitez de millions, une infinité de fois, c'est à-dire par autant de mains qu'il passe, tant que ces Métaux ne sortent point de leur état naturel, & des principes qui les ont fait apeler dans le monde.

On demande donc à toute la Nation polie, si prévenuë des maximes regnantes, & qui ignorent absolument la pratique & l'usage du Commerce, qui fait subsister tous les hommes, sans vouloir même jamais s'instruire, de peur que la reconnoissance de leur erreur ne leur fût préjudicia-

ble. On demande, dis-je, si les Billets
d'un celebre Negociant, dont le credit puissamment établi par une opulence certaine connuë, & telle qu'il
s'en rencontre plusieurs dans l'Europe, ne vaut & ne prevaut pas à de
l'Argent comptant ; & si en ayant
toute la vertu & toute l'éficace, il n'a
pas des avantages particuliers sur les
Métaux, par la facilité de la garde &
du transport, sans crainte d'enlevemens violens.

Il y a bien plus, c'est qu'il ne sera
jamais aquixé ; tant qu'il ne se trouvera qu'en des mains sages & inno-
centes, & qui n'en veulent faire
qu'un usage de conduite prudente,
soit par raport au passé ou au present,
qui est de ne se dessaisir de son bien,
sur tout d'une somme considerable,
que pour se procurer l'équivalant,
soit en immeubles ou en meubles, si
l'on est Negociant, & non le consommer en dépense ordinaire, soit faite ou à faire, qui est le seul cas où le
Billet n'est plus d'usage ; sans quoi,
après une infinité de mains qu'il auroit toutes enrichies, en garantissant

la livraison future de ce qu'on ne ne pouvoit fournir sur le champ, il seroit retourné à son premier tireur, ou il n'y auroit échû, qu'une compensation.

De cette maniére voila une opulence generale, c'est-à-dire une joüissance & une consommation éfroyable de biens, sans le ministere de la moindre somme d'Argent. Voila donc encore une fois les Prêtres de cette Idole bien loin de leur compte, d'en faire un Dieu tutelaire de la vie, & de soûtenir que les hommes ne sont heureux ou malheureux qu'à proportion qu'ils possédent plus ou moins de ce Métail si recherché.

Les Foires de Lion prouvent l'erreur du sentiment contraire toutes les années, lesquelles étant tantôt bonnes & tantôt mauvaises, on n'en peut nullement attribuer la cause à l'abondance ou au défaut de l'argent, puisque sur un commerce de vente & de revente de plus de quatre-vingt millions qui les composent, on n'y a jamais vû un sol marqué d'argent comptant, tout se fait par échange & par billets, lesquels après une infinité de mains, retournent enfin au premier tireur, ainsi qu'on a déja dit.

En voila plus qu'il n'en faut pour montrer que la quantité plus ou moins d'Or & d'Argent, sur tout dans un Païs rempli de Denrées necessaires & commode à la vie, est absolument indifferente, pour en faire joüir abondamment les Habitans ; mais ce n'est que lorsque ces Métaux demeurent dans leurs limites naturelles : car du moment qu'ils en sortent, comme l'on n'a que trop fait l'experience en plus d'un endroit, ils deviennent necessaires, parce qu'ils s'érigent en tyrans, ne voulant point souffrir qu'autres s'apellent richesses;& c'est ce qu'on va voir dans les Chapitres suivans, où l'on montrera évidemment les deux issuës par où il a quitté son ministere ; dont la première est l'ambition, le luxe, l'avarice, l'oisiveté & la paresse ; & l'autre, le crime formel, tant celui qui est puni par les loix, qu'un autre genre que l'ignorance fait couronner tous les jours.

Z iij

CHAPIT. TROISIE'ME.

LA condamnation que Dieu pro-
nonça contre tous les hommes en
la perſonne du premier, de ne pouvoir à l'avenir, aprés ſon peché,
vivre ni ſubſiſter que par le travail
& à la ſueur de leur corps, ne fut
ponctuellement executé qu'autant que
l'innocence du monde dura, c'eſt-à-
dire, tant qu'il n'y eut aucune differéce
de condition & d'états ; chaque ſujet
étoit ſon valet & ſon maître, & joüiſ-
ſoit des richeſſes & des treſors de la
terre, à proportion que l'on avoit
perſonnellement le talent de les faire
valoir ; toute l'ambition & tout le
luxe ſe réduiſoient à ſe procurer la
nouriture & le vêtement. & Les deux
premiers Ouvriers du monde, qui
étoient en même tems les deux Monarques, ſe partagérent ces deux Métiers ; l'un laboura la terre pour avoir
des grains, & l'autre nourît des troupeaux pour ſe couvrir & l'échange

mutuelle qu'ils pouvoient faire, les
faisoit joüir réciproquement du travail l'un de l'autre.

Mais le crime & la violence s'é-
tant mis avec le tems de la partie,
celui qui fut le plus fort ne voulut
rien faire, & joüir des fruits du travail du plus foible, en se rebellant entiérement contre les ordres du Créateur, & cette corruption est venuë à
un si grand excés, qu'aujourd'hui les
hommes sont entiérement partagez en
deux classes; sçavoir, l'une qui ne
fait rien, & joüit de tous les plaisirs; & l'autre qui travaille depuis
le matin jusqu'au soir, & a à peine le
necessaire, & en est même souvent
privé entiérement.

C'est de cette disposition que l'Argent a pris son premier degré de dérogeance à son usage naturel : l'équivalence où il doit être avec toutes les
autres Denrées, pour être prêt d'en
former l'échange à tous momens, a
aussi-tôt reçû une grande atteinte. Un
homme voluptueux, qui a à peine
assez de tems de toute sa vie pour satisfaire à ses plaisirs, s'est mocqué de

tenir ſa maiſon & ſes magaſins remplis de grains & d'autres fruits de la terre, pour être vendus au prix courant en tems & ſaiſon : ce ſoin , cette attente & cette inquiétude ne ſe ſont pas accommodez avec ſon genre de vie ; la moitié moins d'argent comptant , même le quart , font mieux ſon affaire , & ſes voluptez en ſont ſervies avec plus de ſecret & plus de diligence.

Ainſi cette main-baſſe que l'on fait dans ces occaſions de toutes ſortes de Denrées , dérange d'une terrible façon l'équilibre qui doit être entre l'Or & l'Argent , & toutes ſortes de choſes. L'âpreté que l'on a pour recouvrer l'un , & la profuſion que que l'on fait de l'autre , éleve le premier juſqu'aux nuées , & abaiſſe l'autre juſqu'aux abîmes. Voila donc l'eſclave du Commerce devenu ſon tyran : mais ce n'eſt là que la moindre partie de ſa vexation ; cette facilité à l'Argent de ſervir tous les crimes , lui fait redoubler ſes appointemens , à proportion que la corruption s'empare des cœurs ; & il eſt certain que

presque tous les forfaits feroient ban-
nis d'un Etat , fi l'on en pouvoit faire
autant de ce fatal Métail ; le peu de
fervice qu'il rend au Commerce, ainfi
qu'on a fait voir en ce qui a précedé,
ne vaut pas la centiéme partie du mal
qu'il lui caufe.

On ne parle point des Voleurs ni
des Brigans, qui à l'Argent feul fert de
moyen certain pour enlever tout le
vaillant d'un homme, fans autre droit
ni titre qu'une force majeure, & qui
fe met par là non feulement en pouvoir de le ravir , mais même de le
mettre à couvert & hors toutes recherches.

Si toutes les facultez fe terminoient
aux Denrées neceffaires à la vie , les
Brigans perdroient ces deux facultez
pour voler , ils ne pourroient enlever
qu'une petite quantité de biens à la
fois, pour laquelle même emporter,
il leur faudroit un grand nombre de
chevaux & de voitures impoffibles à
cacher · parce que tout feroit facile à
reconnoître , & par conféquent aifé à
découvrir.

Le premier Legiflateur de l'anti-

quité avoit si bien reconnu ce desordre , que la Monnoye qu'il introdui-
sit dans sa République , étoit un Métail si commun & d'un si grand volume, que ce prétendu précis de toutes
les Denrées avoit un corps presqu'aussi étendu que les choses qu'il representoit ; ainsi les Voleurs , les Banqueroutiers, & tous ceux qui ont besoin de secret & d'obscurité pour per-
petuer les crimes , n'en étoient pas
beaucoup mieux servis.

Mais il n'est pas encore tems de
finir l'usage que le crime fait du
seul Argent, & dont il seroit empêché
par les autres genres de biens ; si ils
n'avoient point cette malheureuse re-
présentation , les Banqueroutiers qui
déconcertent entiérement le Commerce mettant tout le monde dans la
défiance , & empêchant que l'on ne
puisse trafiquer par crédit & par Billets , ne pouroient presque plus voler
aussi impunément tout le monde
qu'ils font journellement.

On sçait que leur jeu & leur manœuvre , sont de se servir de la réputation bien ou mal aquise, pour ache-

ter de tous côtez à credit , à tel prix
que l'on y veut mettre , parce qu'ils
font bien assurez qu'ils n'en débour-
seront jamais rien , plus ils le reven-
dent sur le champ argent comptant,
la moitié ou les deux tiers moins , &
continuent cette fraude jusqu'à l'é-
chéance des Billets; qu'ils font cession
entière , sous de prétenduës pertes
dont il les faut croire , attendu que la
conviction du contraire , est un procés éternel , encore plus ruineux envers ceux qui perdent, que la banqueroute même.

Et cette fraude est ce qu'il y a de
moins desolant par le raport à tout le
corps de l'Etat , attendu que cette
cherté que cela met à l'Argent par
ces crûës d'usages , quoique criminel,
le portant jusqu'au Ciel , ainsi qu'on
l'a dit , fait descendre à même tems
l'autre côté de la balance ; sçavoir,
celui des Denrées jusqu'aux abîmes :
l'un prend le prix des pierres précieu-
ses , & l'autre n'est plus que de la
possière , par la prodigalité que l'on
en fait , afin de parvenir à ses desseins
criminels. Et bien que ces démarches

ne se rencontrent qu'en quelques particulieres, elles ne laissent pas d'être contagieuse à toute la masse, parce que toutes choses ayant une solidité d'intérest, tant meubles qu'immeubles, la moindre atteinte qui arrive à une partie, soit en bien ou en mal, devient aussi-tôt commune à tout le reste.

Les Blez ne peuvent hausser ni baisser considérablement en un Marché, sans que cette disposition ne gagne aussi-tôt tous les lieux circonvoisins; & sa continuation de trois ou quatre semaines seulement, l'a fait penétter d'un bout du Royaume à l'autre, de quelqu'étenduë qu'il soit, & même plus loin.

Enfin la gangrene à l'extrêmité des membres du corps humain, fait périr bien tôt tout le sujet, quoique toutes les parties d'abord tres-éloignées du mal paroissent tres saines & en fort bon état: mais c'est ce qu'on expliquera mieux dans le Chapitre suivant, qui sera celui des richesses, en montrant quelles doivent être pour rendre un Païs opulent, sur tout lorsqu'il

est

est fourni de Denrées par sa nature.

Il n'est pas encore tems de finir le recit des ravages de l'Argent, & de montrer que lui seul fait plus de degât dans les Contrées où l'on n'a pas soin de le renfermer dans ses véritables bornes, que toutes les Nations barbares qui ont innondé la terre, exerçant toutes sortes de violences dont les Histoires sont remplies.

Jusqu'ici, quelques grands que soient les desordres par lui causez que l'on vient de décrire, comme le sont tous crimes défendus par les Loix, & qu'elles punissent même severement, lorsque la justice en peut être faite, la déclamation ou la description ne pouvoit guéres se terminer qu'à des vœux pour en voir la cessation, quoique neanmoins quelques-uns de ces crimes, comme les banqueroutes tirent leur principe de plus loin ; sçavoir, d'une necessité causée par un precedent déconcertement d'Etat, qui n'est point du tout l'éfet d'un brigandage, ou de voleurs de grands chemins.

Cette malheureuse idolâtrie de

A a

l'Argent , source de tous les maux, n'auroit pas ses Temples si remplis d'adorateurs, s'il n'y en avoit point d'autres que des sujets exposez sans quartier à la rigueur des Loix.

Voici bien un autre Cortége ; sça-voir , ceux qui ont soin de faire payer les Tributs des Princes , la rigoureuse poursuite , & les recherches qu'on en a faites dans bien des occasions , sans parler de la voix publique , purge cet énoncé de tout soubçon , de calom-nie , ou de discours seditieux.

C'est au contraire le plus grand service qu'on puisse rendre aux Prin-ces , de faire voir la surprise qu'eux & leurs Ministres souffrent , quoique bien intentionnez , dans cette gran-de preference que ceux qui se cou-vrent de leur autorité donnent à l'Ar-gent , sur les autres Denrées ; bien que l'un ou l'autre soit indifférent au Souverain , comme il l'est pareil-lement à tout ce qui est à leur solde, & sur tout à leurs Gens de Guerre, qui n'ont pas si-tôt reçû leur montre, qu'ils la convertissent à leur nouriture & aux besoins de la vie ; ensorte qu'il

leur feroit égal de les recevoir immediatement sans le ministére d'Argent,
comme cela se pratique en beaucoup
d'endroits.

On éclaircira & on traitera davantage de cette verité dans un Chapitre
particulier, où l'on montrera qu'il y
a tel Prince, qui ne procure pas une
pinte de vin à aucuns de ses Soldats,
qu'on n'en ait anéanti jusqu'à vingt,
& même cent qu'il auroit reçûës, si
on n'avoit pas immolé cette quantité
à la volonté déterminée d'avoir de
l'Argent, à quelque prix que ce fût,
& non du vin, & ainsi du reste.

Ce sont donc ceux qui surprennent
leur autorité, lesquels leur inspirent
que l'Argent qu'ils font payer au
Prince n'est considerable que par sa
quantité, & nullement par la maniére dont il est levé sur les Peuples :
Et bien que les Souverains ne le reçoivent que pour fournir le moyen à
ceux à qui ils le distribuent de se procurer les besoins de la vie, ils osent
prétendre qu'il n'est d'aucune consideration que ces Médiateurs ayent
abîmé ou anéanti pour vingt fois

davantage de ces mêmes besoins , en
faisant ce fatal recouvrement ; que le
Maître ou ceux qui sont à sa solde
n'en pourront avoir avec l'argent qui
en provient ; & leur être distribué.

Voila un crime éfroyable de ce Métail , qui bien loin d'être poursuivi
par les Prevôts comme les Voleurs de
grands chemins , est tous les jours
couronné de lauriers ; quoi qu'il ne
fasse pas moins d'horeur au Peuple,
& que les maux qu'il cause exedent
tous ceux que l'on pouroit recevoir
des plus fameux Brigands , qui auroient une pleine licence d'exercer les
derniéres violences.

Des Contrées entiéres autrefois en
valeur , presentement incultes des
fruits les plus précieux ; entiérement
à l'abandon sans en pouvoir trouver
les frais de la culture ; & sur tout les
liqueurs, que les Païs voisins ne boivent que de l'eau , & les achétent un
prix exhorbitant pour les extrêmes
necessitez, ce qui ne va pas à la centiéme partie de la consommation possible, & leur fait souffrir le même
sort pour d'autres Denrées municipa-

les & singuliéres, donneroient en contr'échange. Toutes ces choses, dis-je, qui sont autant de témoins vivans, quoi que muets, montrent que ce n'est point exagération que cette préferance de crime & de desordre que l'on donne à ces Pourvoyeurs d'argent, sur tous les autres genres de violences & de vexations.

En effet, si les Tributs s'exigeoient en essence sur chaque fruit & chaque Denrée, comme on a fait uniquement tres-long-tems, & qu'il se pratique même en quantité d'endroits, puisqu'enfin toute reception d'impost n'est que pour parvenir à ce recouvrement de Denrée, & que ce cruel Médiateur, sçavoir, l'Argent, en abîme une si grande quantité par son fatal ministére : Si, dis je, cette exigence se faisoit réellement, l'horreur de pareils éfets auroit absolument empêché leur introduction, ou au moins l'auroit fait rejetter au plus vîte à la premieré expérience.

Auroit-on pû de sens rassis mettre une Ordonnance sur le papier, qui portât que quiconque receüillira, sur

sa terre trente septiers de blé, en payera quarante pour l'impôt ; & un autre, dont la levée va à deux cens,
ne contribuera que de quatre, & même moins suivant son crédit : Côm-
me une pareille demande, ainsi que
l'exécution auroit une vûë & un vi-
sage éfroyable, il les a falu masquer,
& c'est ce que l'Argent fait merveil-
leusement bien, il dérobe toute l'horreur de pareille démarche aux personnes élevées qui pourroient y donner
ordre, parce que n'ayant qu'une idée
confuse du détail, qui ne s'apprend
que par la pratique, c'est à-dire, la
vie privée, ce qui est bien éloigné de
leur situation, ils ignorent tout-à-
fait que qui que ce soit ne peut payer
un sol, ny de tribut ny d'autres redevances que par la vente des Denrées
qu'il possede ; & qu'ainsi la demande d'Argent a des limites de rigueur,
données par la nature, qui ne peuvent être violez sans produire un
monstre éfroyable.

En éfet, si le manque de succés
s'en tenoit à un simple refus, on

pouroit dire qu'il n'y auroit que du
tems & du papier perdus : mais il s'en
faut beaucoup que les choses n'en de-
meurent-là ; l'impoſſibilité morale &
naturelle qui n'arrête pas ceux qui
font chargez de pareilles exactions,
force la nature pour fe faire obéïr, &
les préciputs qui doivent être pris
avant le tribut, & même toutes fortes
d'exigences, ſçavoir les frais de la
culture, font d'abord immolez, ainſi
que les utenfiles & inftrumens. pour y
parvenir ; & la certitude où cela met
d'un abandon de toute la terre à
l'avenir, c'eſt-à-dire mille de perte,
pour un de profit, n'eſt d'aucune con-
fidération envers des gens en qui
l'intéreſt d'un moment preſent, ſoit
qu'ils ſoient pouſſez par une neceſſité
pareille d'en uſer de la forte, à faute
de quoy ils y feroient ſujets euxmê-
mes, ce qui n'eſt que trop connu, où
ſoit que leur fortune fingaliére ne leur
ſoit promife qu'à ce prix, ce qui eſt
pareillemment fort ordinaire ; enfin
dans l'un ou l'autre cas l'intereſt,
dis-je, de ce moment acheté à fi haut

prix aux dépens du bien Public , prévaut à toutes ces suites funestes quelques nombreuses , & quelqu'éfroyables qu'elles soient , qui sont inséparables de cette conduite.

Et puis quand tous ces moyens sont à bout , un homme est criminel , parce qu'il n'a pû faire l'impossible & donner ce qu'il n'a point , on le traine en prison & on l'y tient des mois entiers , par un surcroit de perte de biens , sçavoir , celle de son temps & de son travail , qui est son unique revenu, ainsi que celuy de l'Etat & du Prince.

Voila le beau ménage de l'Argent dans les Tributs, qui ne différe guéres si il ne le surpasse , celui des Brigands, puisqu'au moins dans ce dernier , ce qui est enlevé de force demeure dans l'Etat , & il n'y a que la justice de blessée, au lieu que dans l'autre maniére , le tout est anéanti.

En quoy le Prince & les personnes mêmes , lesquelles sur deux cens septiers de récoltes , n'en veulent payer que quatre , pour en laisser contribuer à un misérable de trente sur vingt, prennent tout à fait le change, bâtissant absolument leur mise, comme on fera voir dans un Chapitre particulier des véritables richesses, où l'on montrera que ces Personnes puissantes y auroient gagné, s'ils avoient voulu contribuer aux impôts de cinquante septiers sur les deux cens mentionnez, & feront même un profit considérable quand ils en voudront user de la sorte, & ne pas abimer un misérable, dont le maintien faisant toute l'opulence des riches, quoi que ce soit la chose qu'ils conçoivent le moins, il ne peut être détruit, sans rendre sa perte commune à tout l'Etat.

Dans les impôts qu'on tire sur les liqueurs dans certains Etats, l'argent sert de manteau pour le moins à d'aussi grandes absurditez : sous cette couverture, on suppose & on exige l'impossible, sans que les suites funestes d'une pareille conduite, puissent presque jamais faire revenir les auteurs de démarches si éfroyables.

On pense tranquilement en cet

article de liqueurs, que l'argent croit dans une vigne ou dans la fûtaille, & non pas que l'on ne pût recouvrer ce métail que par la vente de cette denrée; & cela seulement jusqu'à la concurrence non de ce qui s'en trouve produit par la nature, mais qu'il faut que sur le prix qui en provient, il y en aye une partie qui soit sacrée, & sur laquelle on ne puisse rien prendre sans crime ; sçavoir, celuy qu'il a falu pour parvenir aux frais, & sans lesquels il n'y auroit rien du tout pour qui que ce soit au monde.

Il faut bien que cela soit, encore une fois, & que l'on suppose ce prodige, quand on demande tranquillement, & sans prétendre déroger aux loix de la sagesse, de la prudence & de la politique la plus consommée, la valeur de quarante muids de vin sur une piéce de vigne qui n'en a produit que trente, & celle de trois cens pintes de vin sur une fûtaille qui n'en contient que deux cens, en sorte que l'abandon entier qu'on en peut faire ne puisse point aquiter le Marchand,

& qu'il faut que fa perfonne & fes autres biens répondent du furplus : ce qui n'eft pas abfolument fans exemple en quelques Contrées de l'Europe, & eft un mal contre lequel on n'a point trouvé d'autre remede que de tout abandonner, c'eft à-dire la denrée en queftion, afin d'en être quite par la perte de ce feul genre de biens; ce qui va dans plufieurs Contrées à des centaines de millions par an : & par deffus cela, le mal fe recommuniquant à toutes les autres efpeces par une folidité d'intérêts qu'elles ont entr'elles, fait que cette même deftinée gagne à peu pres tous les autres genres de biens & voila d'où procéde ce grand dechet & cette épouventable diminution arrivée à toutes chofes, tant meubles qu'immeubles dans ces mêmes Païs : l'Argent y a transgreffé fes bornes naturelles d'une façon éfroyable, il a pris un prix de préférence fur toutes les autres denrées, avec lefquelles il doit être feulement en concurrence, pour conferver l'harmonie d'un Etat, c'eft à-dire une opulence generale : Ce

qui fait que bien loin de fervir à facili-
liter le trafic & l'échange des befoins
de la vie, il en devient le tyran & le
vautour, s'en faifant immoler tous les
jours des quantitez éfroyables par un
pur anéantiffement, pour procurer
trés peu de ce métail, par raport à ce
qu'il en coûte à tout un corps d'Etat,
à des entrepreneurs qui le poffédent,
moins innocemment que des voleurs
de grands chemins, bien qu'ils ne
penfent rien moins, attendu que les
defaftres que cette aquifition caufe,
l'emportent de vingt fois fur les autres, quelques grands & quelques
violens qu'ils foient.

CHAPITRE

CHAPITRE IV.

ON a dit en général au commencement de ces Mémoires en quoy consistoit la véritable richesse sçavoir, en une joüissance entière, non seulement des besoins de la vie, mais même de tout le superflus, & de tout ce qui peut faire plaisir à la sensualité, sur laquelle la corruption du cœur invente & rafine tous les jours ; le tout néanmoins dans toutes sortes d'Etats, à proportion que l'excés du nécessaire met en pouvoir de se procurer ce qui ne l'est pas à beaucoup prés.

C'est ce qui fait que dans l'enfance ou l'innocence du monde que l'homme étoit riche par la seule joüissance des simples besoins, il n'y avoit de l'employ que pour trois ou quatre Professions ; ce qui se pratique encore en quantité de Païs mal partagez par la nature, soit du côté du terroir ou de l'esprit.　　　B b

Mais aujourd'huy dans les Contrées, où des difpofitions contraires
ont porté les chofes dans l'excés en cet
article d'opulence & de volupté, il y
en a plus de deux cens, fans celles
qui s'inventent tous les jours.

Il eft donc à propos d'en faire un
détail plus particulier, & de montrer
que fi c'eft une richeffe que cette
ample poffeffion de tout ce que l'efprit
peut découvrir au de-là du néceffaire,
c'eft la fituation la plus périlleufe, &
qui a le plus befoin de ménagement,
autrement il arrive que ce qui a été
inftitué pour faire joüir du fuperflus,
ne fert quand les mefures font mal
prifes, qu'à priver du néceffaire,
jettant en un inftant un Etat du faite
de l'opulence, au dernier degré de
difette.

Les deux cens Profeffions qui
entrent aujourd'huy dans la compofi-
tion d'un Etat poly & opulent; ce qui
commence aux Boulangers, & finit
aux Comédiens, ne font pour la
plûpart d'abord apelées les unes aprés
les autres que par la volupté; mais

elles ne font pas fi-tôt introduites &
comme pris racine , que faifant aprés
cela partie de la fubftance d'un Erat,
elles n'en peuvent être disjointes ou
féparées , fans altérer auffi - tôt tout
le Corps.

Elles font toutes , & jufqu'à la
moindre ou la moins néceffaire comme l'Empereur Augufte , de qui on
difoit fort juftement , qu'il ne devoit
jamais naitre , ou ne devoit jamais
mourir.

Pour prouver ce raifonnement il
faut convenir d'un principe , qui eft,
que toutes les Profeffions quelles
qu'elles foient dans une Contrée ,
travaillent les unes pour les autres , &
fe maintiennent réciproquement ; non
feulement pour la fourniture de leurs
befoins , mais même pour leur propre
exiftance.

Aucun n'achéte la denrée de fon
voifin ou le fruit de fon travail qu'à
une condition de rigueur , quoi que
tacite & non exprimée ? fçavoir , que
le vendeur en fera autant de celle de
l'acheteur , ou immédiatement comme

Bb ij

il arrive quelquefois ; ou par la circulation de plusieurs mains ou Professions interposées, ce qui revient toûjours au même, sans quoi il se détruit la terre sous les pieds , puisque
non seulement il fera perir par cette
cessation , mais même il causera sa
perte personnelle , le mettant par là
hors d'état de retourner chez lui à
l'empléte ; ce qui lui fera faire banqueroute & fermer sa boutique.

Il faut donc que ce commerce
continuë sans interruption , & même
à un prix qui est de rigueur , quoi que
ce soit ce qu'on conçoive le moins ,
c'est-à dire à un taux qui rende le
Marchand hors de perte , en sorte
qu'il puisse continuer son Métier avec
profit ; autrement c'est comme s'il ne
vendoit point du tout : & périssant ,
il en arrivera comme dans ces vaisseaux accrochez, dont l'un met le feu
aux poudres , ce qui les fait sauter
tous deux.

Cependant par un aveuglement
éfroyable , il n'y a point de Négociant quel qu'il soit , qui ne travaille

de tout son pouvoir à déconcerter cette harmonie; ce n'est qu'à la pointe de l'épée, soit en vendant, soit en achetant, qu'elle se maintient ; & l'opulence publique qui fournit la pâture à tous les sujets, ne subsiste que par une Providence supérieure, qui la soûtient comme elle fait fructifier les productions de la terre, n'y ayant pas un moment ny un seul marché, où il ne faille qu'elle agisse, puisqu'il n'y a pas une seule rencontre où on ne luy fasse la guerre.

Tant que les choses demeurent dans cet équilibre, il n'y a point d'autre ressource pour s'enrichir, en quelqu'état que l'on soit, que de forcer de travail & d'habilité sur son voisin, non pour le tromper, en tâchant d'avoir sa denrée à vil prix, mais pour le devancer en adresse.

Et cette émulation devenant générale par le desespoir de s'enrichir autrement, tous les Arts se perfectionnent, & l'opulence est pôrtée au plus haut point où elle puisse être.

L'argent à qui ce Chapitre avoit

donné du repos, bien loin d'être le
tyran de la richesse, & d'abimer toutes les denrées comme il fait dans la
situation contraire, n'est que le très-
humble valet du Commerce : à peine
trouve t'il quelqu'un qui luy veüille
donner retraite, quand il se presente
en trop grande quantité tout à la fois
il n'y a point de denrée, pour si
déplorée qu'elle soit, pourvû qu'elle
soit de mise, soit meuble ou immeuble
à qui on ne donne la préférence.

Comme il n'est & ne doit être que
le gage de la tradition future, quand
elle ne s'éfectue pas sur le champ, &
qu'il ne réside ou n'apparoit pas assez
de solvabilité dans l'acheteur, pour la
garantie par sa parole ou par son billet
sans quoi on préféreroit cette voye au
service de ce métail, ne se rencontrant
presque personne qui aie besoin de
cette caution, par la valeur, soûtenuë
de toutes les denrées personnelles, cela
les met hors de cette necessité; & c'est
alors une conséqu'ece indubitable,
que ce métail soit remercié presque
par tout le monde.

Ainsi étant absolument inutile au commerce, il est obligé, pour ne pas demeurer à rien faire, d'offrir son service au ménage & à la magnificence, & d'avoir recours à l'Orfévre & aux autres ouvrages, ce qui n'est encore que le moindre desordre, car il est dans l'attente qu'on aye besoin de lui. auquel cas il est toûjours prest à bién faire, encore que ce secours ne puisse être imploré sans que l'Etat soit malade; & d'une si épouvantable indisposition, que si elle étoit longue, le reméde seroit de moindre durée que le mal, dont on connoît l'extrêmité par la recherche ou la cherté ou l'or & l'argent se trouvent.

Dans l'autre situation; sçavoir celle de l'opulence, il est la derniére des denrées; & dans la diserte, il est non seulement la premiére, mais même presque l'unique; dans le premier Etat, il n'y a que les indigens qui lui fassent la cour, & à qui il soit absolument necessaire, étans même seuls au desespoir d'être dans cette servitude, & faisans tous leurs éforts pour en fortir ; & dans l'autre, les plus riches en ont à peine autant qu'il leur en faut ; ce qui réduit toutes les autres conditions dans la derniére extrêmité.

Cette difpofition, qui eft une maladie tres-dangereuse dans un Etat, n'eft caufée que par le déconcertement du prix des denrées, qui doit être toûjours proportionné, n'y ayant que cette intelligence qui les puiffe faire vivre enfemble, pour fe donner à tous momens, & recevoir réciproquement la naiffance les unes des autres.

Mais comme leur diffention, & par conféquent la mifere, n'eft pas une chofe fort inconuuë dans l'Europe ; il faut examiner qui a le premier commencé la querelle, & par où le defordre s'eft introduit.

On a dit dans ces Mémoires que ces deux cens Profeffions qui compofent la perfection des Etats les plus polis & les mieux partagez par la nature, font tous enfans des fruits de la terre, que le plus ou le moins qu'elle est en état d'en produire avec abondance, & de faire consommer, sans quoi l'excroissance devient inutile & même à perte, est ce qui leur donne naissance; commençant par le plus nécessaire, comme le Boulanger & le Tailleur, & en finissant par le Comédien, qui est le dernier ouvrage du luxe, & la plus haute marque d'un excés du superflus, puisqu'il ne consiste qu'à flater les oreilles, & réjoüir l'esprit par un simple recit des fixions, que l'on sçait bien n'avoir jamais eu de réalité; en sorte qu'on est si fort hors de crainte de manquer du necessaire, que l'on achéte avec plaisir la representation du mensonge, comme il arrive dans ces occasions.

Ainsi quand l'état contraire, c'est-à-dire la misere, vient à s'introduire, & à vouloir prendre la place de cet Etat florissant, c'est par cette Profession que l'on commence la réforme, comme c'étoit par elle que l'on avoit fini l'aquisition du superflus.

Cependant comme cé n'est pas de son consentement, puisque ce congé

envoye ces Rois de théatre perfonnellement à l'Hôpital , & que ce re-
tranchement ne s'en tient pas fingu-
liérement à ces gens-la , faifant bien
d'autres progrés toûjours par degrez,
cela ne peut arriver fans déconcerter
tout un Païs ou plûtôt toutes les Profeffions, par les raifons qu'on a marquées.

Ils font donc à plaindre , tant par
raport à eux qu'aux autres conditions,
que cela dérange & anéantit pareillement par contre-coup , attendu encore une fois , qu'il en eft d'un genre
de metier , comme de l'Empereur Augufte, qu'il ne doit jamais être reçû,
ou qu'il ne le faut jamais congedier,
l'Ouvrier du fuperflus achetant fon
néceffaire celui qui lui donnoit fa vie
à gagner, & foûtenant par là le prix
des denrées du Laboureur ; ce qui
feul le peut faire payer fon Maître , &
mettre celui-là en pouvoir d'acheter
de cet Ouvrier.

Mais fi quelque chofe diminuë la
pitié qu'on pouroit avoir d'eux , ou
plûtôt pour entrer dans la difcution

de la cause de leur congé, on peut
assurer que ce sont eux mêmes qui se
le procurent, & qu'ils se creusent
tous le tombeau où ils sont enter-
rez.

On a dit, comme c'est la verité,
que les fruits de la terre, & principalement les blez qui les mettent toutes
sur pié : Or leur production n'est ni
l'éfet du hasard, ni un present gratuit
de la nature, c'est une suite d'un travail continuel, & de frais achetez à
prix d'argent ; cette manne primitive
& nécessaire, n'étant abondante qu'à
proportion qu'on est libéral pour n'y
rien épargner, refusant entiérement
tout, à qui ne lui veut rien donner.

Or il y a une attention à faire, qui
est, que les propriétaires des fonds,
quoy que paroissans les mieux partagez de la fortune, comme les maîtres
absolus de tous les moyens de subsistance, ne sont au contraire que les
commissionnaires & les facteurs de
toutes les autres Professions, jusqu'aux
Comédiens, & comptent avec elles
tous les jours de Clerc à Maître ; &

si un Cordonnier ne peut vivre sans pain, qu'il ne recoüille pas assurément sur ses fonds qu'il ne possède point ; ce Possesseur de terre ne sçauroit marcher sans souliers, & ainsi des autres.

Ces Propriétaires, dis-je, donnent à chaque moment un memoire des frais déboursez pour cultiver les fonds, dont les Métiers d'industrie sont soûtenus & nouris, si leur dépense est alloüée, comme il arrive lorsque les blez sont à un prix qui puisse supporter ses frais avec des appointemens honnêtes pour le Facteur, le ménage continuë, & chacun vit tranquilement dans sa Profession, sans que qui que ce soit songe à prendre congé l'un de l'autre.

Mais si par malheur le contraire arrive, & que l'abaissement du prix des grains (ce qui n'est pas presentement inconnu dans l'Europe) ne puisse atteindre aux frais de la culture, lesquels une fois contractez ne baissent jamais tout à coup comme font les blez, ne pouvant alors dédommager

dommager le Pourvoyeur de sa dépense faite , ainsi que satisfaire au payement de ses apointemens ; il n'est non plus en état de continuer à nourir tout un Peuple , que les Boulangers d'une Ville qu'on obligeroit de tenir leurs boutiques fournies, ayant le prix du pain au dessous de celui des grains.

Voila la cause du desordre & le principe de la querelle qui augmentant toûjours à la longue, comme une plote de ne neige ou comme un chancre , forme une extrême misere au milieu de l'abondance de toutes choses.

Un Comédien se réjoüit ainsi que tous ces autres , c'est-à-dire tous les Métiers , d'avoir par une grace speciale du Ciel , à ce qu'il croit, le pain à tres-grand marché , & que pour un sol il en recouvre autant qu'il en peut consommer en toute sa journée , s'il lui en faloit pour deux sols, il ne seroit pas dans cette joye.

Mais il ne voit pas , le malheureux qu'il est, ainsi que l'on a dit , qu'il se

creuse son tombeau, & que le Facteur
& le Propriétaire des fonds n'étant
plus payé de ses frais & de ses apointemens par son Fermier, avec qui il
ne forme qu'un intérest, est obligé
de se retrancher, & commençant par
le superflus, le Comédien se trouve
à la tête, & cessera par là de gagner
un écu par jour, parce qu'il a voulu
&, s'est réjoüi de gagner un sol sur
son pain.

Ce qui est de merveilleux est qu'a-
près cela l'un & l'autre, tant le Comédien que celui qui alloit à ce spectac-
cle, joüent à qui pis, faire, & à qui
s'entredétruira le plûtôt, en pensant
se sauver réciproquement. Comme
les biens ne viennent pas tout d'un
coup ainsi que leur joüissance, & que
tout se fait par degrez, on peut dire
qu'ils en usent de même dans leur dé-
cadence, s'en retournant pareillement
par gradation.

Un homme qui alloit autrefois tous
les jours à la Comédie dans le tems
de son opulence, c'est à-dire que
ses Fermiers, par la vente de leur

denrées aux Comédiens même , le
payoient ponctuellement , y trouvant
de la diminution par quelque caufe
violente , & telle qu'on a marqué ci-
devant , fçavoir , celles qui anéantif-
fent cent fois autant de biens qu'elles
font recevoir d'argent fur le champ
à l'entrepreneur , expérimentant , dis-
je , ce déchet , fe retranche à n'y aller
plus que trois fois la femaine , pour
compenfer par la diminution de fa
dépenfe celle qu'il lui arrive dans fa
recette.

Le Comédien de fon côté , qui eft
atteint du même mal , en fait tout autant de fa part ; & s'il mangeoit de la
viande & même de la volaille tous
les jours , il retranche pareillement
fon ordinaire , & fe réduit à ne faire
femblablement bonne chére que la
moitié du tems ; par où outre l'aviliffement du prix des grains , le Fermier de celui qui alloit à la Comédie,
& qui eft Marchand de beftiaux reçoit
un furcroît de difficulté de payer fon
Maître , & celui-ci de faire fubfifter le
Comédien ; & l'extravagance eft , de

mettre ce déconcertement fur le compte du manque d'efpéces, comme fi l'on étoit au Perou, où prenant naiffance, elles font le feul & unique principe de fubfiftance.

Et cette manœuvre continuë jufqu'à ce qu'ils ayent pris réciproquement tout à fait congé l'un de l'autre, ce qui eft abfolument la ruine d'un Etat & d'un Prince plus que de qui que ce foit, comme on l'expliquera dans le Chapitre de l'intereft des Souverains.

C'eft le même raifonnement de toutes les autres Profeffions, qui ne font toutes miferables que par la même conduite & les mêmes circonftances.

Mais ce qu'il y a de plus étonnant eft, que l'avilifement du prix des grains, qui tient certainement la premiére place dans la defolation publique, eft regardé au contraire comme le confervateur de l'utilité generale.

L'on ne fe croit pouvoir garantir des horreurs de la difette, qu'en fe jettant dans la fituation toute opofée, qui n'eſt pas moins préjudiciable à un Etat, puiſqu'il eſt conſtant que toutes les extrêmitez, ou plûtôt tous les excés, ſont également dommageables, quoi que toûjours diamétralement oppoſez.

En effet, vouloir que les grains ſoient à ſi bas prix qu'ils ne puiſſent atteindre aux frais de la culture, ni faire payer le Propriétaire ; en ſorte qu'il ne ſoit point en é at de donner du travail aux Ouvriers qui n'ont d'autre moyen de ſubſiſter ; c'eſt comme ſi on banniſſoit l'entier uſage des liqueurs, même pour faire revenir un homme d'une foibleſſe, parce qu'on en a vû quantité qui en avoient tant pris qu'ils en avoient perdu la raiſon, & même aſſez ſouvent la vie.

Mais c'eſt aſſez parler des richeſſes, il faut venir preſentement à la miſere, quoi que l'explication de l'une faſſe le portrait de l'autre.

CHAP. CINQUIE'ME.

Tout le monde scait ce que c'est que d'être miserable, puisque chacun travaille depuis le matin jusqu'au soir pour ne le point devenir, à moins que les passions ne l'aveuglent, ou pour cesser de l'être s'il est assez malheureux pour se trouver dans cette situation.

Tous donc ont cette disposition en particulier, mais pas un n'a jamais étendu ses vûës jusqu'au general, bien qu'on ne puisse nullement être riche d'une façon permanente, & le Prince plus que les autres, que par l'opulence publique, & jamais qui que ce soit ne joüira aisement & long-tems de pain, de vin, de viande, d'habits, & même de magnificence la plus superfluë, tant qu'il n'y en aura pas dans le Païs, & même avec abondance, autrement ses fonds deviendront à rien, & son argent s'en ira sans pouvoir retourner.

Aucun n'eſt ſon propre Ouvrier de
toutes ces choſes en general ; perſonne même , quelque riche qu'il ſoit,
n'a point de domaine aſſez étendu,
pour qu'elles croiſſent toutes à beaucoup prés ſur ſes fonds.

Il n'y a pareillement qui que ce
ſoit , qui en poſſedant ſinguliérement
& uniquement la plus précieuſe pour
la valeur , qui ne fût tres-miſerable,
ſi l'exeedent de ce qu'il en a de trop,
ne ſe pouvoit échanger pour recouvrer celles qui lui manquent , en tirant ceux avec qui il traite d'une pareille facheuſe diſpoſition de conſommer dix fois plus d'une choſe qu'il
ne leur eſt neceſſaire , & d'être obligez de ſe paſſer des autres.

Comme la richeſſe donc n'eſt que
ce mêlange continuel, tant d'homme,
à homme, de Métier à Métier , que de
Contrée à Côtrée,& même de Royaume à Royaume ; c'eſt un aveuglement
éfroyable d'aller chercher ailleurs la
cauſe de la miſere que dans la ceſſation
d'un pareil commerce , arrivé par le
dérangement de proportion de prix,

qui n'est pas moins essentielle à leur maintien que leur propre construction.

Tous l'entretiennent nuit & jour par leur interest particulier, & forment en même tems ; quoi que ce soit à quoi ils songent le moins, le bien general, de qui malgré qu'ils en ayent ils doivent toûjours attendre leur utilité singuliére.

Il faut une police pour faire observer la concorde & les loix de la justice parmi un si grand nombre d'hommes, qui ne cherchent qu'à la détruire, & qu'a se tromper & à se surprendre depuis le matin jusqu'au soir, & qui aspirent continuellement à se procurer de l'opulence sur la destruction de leur voisin.

Mais c'est à la nature seule, à y mettre cet ordre, & à entretenir la paix, tout autre autorité gâte tout en voulant s'en mêler, quelque bien intentionnée qu'elle soit.

La nature même jalouse de ses operations, se vange aussi-tôt par un déconcertement general, du moment qu'elle voit que par un mêlange étran-

ger , on fe défie de fes lumiéres , & de
la fageffe de fes operations.

Sa premiére intention eft, que tous
les hommes vivent commodément de
leur travail , ou de celui de leurs an-
cêtres ; en un mot, elle a établi qu'il
faut que chaque Métier nourisse son
maître , ou qu'il doit fermer fa boutique, & chercher où s'en procurer un
autre ; elle aime autant les hommes
qu'elle fait les bêtes , cependant elle
n'en met pas une au monde , qu'elle
ne l'affûre à même tems de fa pitance,
elle en fait autant aux hommes par
tout où l'on s'en raporte à elle.

Ainfi afin que ce deffein foit effec-
tué , il eft neceffaire que chacun, tant
en vendant qu'en achetant , trouve
également fon compte , c'eft à dire
que le profit foit juftement partagé
entre l'une & l'autre de ces deux
fituations.

Cependant on ne chicanne tant,
comme l'on voit dans toutes fortes
de marchez avant que de les conclure,
qu'afin de donner atteinte à cette régle de juftice : aucun des Commer-

çans, soit en gros ou en détail , voudroit que le profit du marché , au lieu d'être partagé comme cela doit être, fût pour lui seul , en dût il coûter tous les biens & même la vie à son compatriote,

Car de songer que c'est la ruine d'un État , de même que si le trafic se faisoit avec de faux poids ou de fausses mesures , c'est de quoi qui que ce soit ne s'embarrassa jamais l'esprit ; quoi qu'on puisse fort bien appliquer la maxime de l'Evangile à cette conduite, qui porte, *que de la même régle qu'on mesure autres , on sera soy-même mesuré* ; de même on a voulu avoir la denrée de son voisin à perte, on sera obligé de donner la sienne de la même façon, par les causes que l'on a marquées.

La nature donc ou la providence, peuvent seules faire observer cette justice, pourvû encore une fois que qui que ce soit qu'elles ne s'en mêlent ; & voici comme elles s'en aquitent. Elles établissent d'abord une égale nécessité de vendre & d'acheter dans toutes sortes de trafics ; de façon que le seul desir de profit soit l'ame de tous les marchez, tant dans le vendeur que dans l'acheteur ; c'est à l'aide de cet équilibre & de cette balance, que l'un & l'autre sont également forcez d'entendre raison, & de s'y mettre.

La moindre dérogeance, sans qu'il importe dans lequel des deux, gate aussi-tôt tout ; & pourvû que l'un s'en aperçoive, il fait aussi-tôt capituler l'autre, & le veut avoir à discretion ; & s'il ne lui tire pas l'ame du corps, ce n'est pas manque de bonne volonté ; puisqu'il ne tiendroit pas à lui qu'il n'en usât comme dans les Villes pressées par un long Siége, où l'on achéte le pain cent fois le prix ordinere, parce qu'il y va de la vie.

Tant, encore une fois, qu'on laisse la nature, on ne doit rien craindre de pareil, ainsi ce n'est que parce que l'on l'a déconcerte, & qu'on derange tous les jours ses opérations, que le malheur arrive.

On a dit, & on le repete encore, qu'afin que cette heureuse situation subsiste, il faut que toutes choses & toutes les denrées soient continuellement dans un équilibre, & conservent un prix de proportion, par raport entr'elles, & aux frais qu'il a falu faire pour les établir.

Or on sçait que du moment que ce qui est en équilibre, comme dans une balance, reçoit le moindre surcroît en un des côtez, incontinent l'autre est emporté aussi haut, que s'il n'y avoit rien du tout.

Il en arrive de même dans toute sorte de commerce, c'est tout ce que peut faire une marchandise, de se défendre de l'oppression de l'autre, quand même il n'arriveroit aucun secours étranger à son ennemi ; mais du moment que cela advient, comme il n'est que trop connû, on peut dire aussi-tôt que tout est perdu, tant celui qui profite du malheur d'autrui que le sujet qui le souffre.

On éprouve ce sort de deux manières ; sçavoir, quand le Marchand ou sa denrée sont atteints subitement de quelque coup violent & imprévû,

ce

ce qui est égal & produit le même éfet.

Voici comme la chose se passe, lorsque c'est le Marchand, soit vendeur ou acheteur : on a dit que pour maintenir cet équilibre, unique conservateur de l'opulence générale, il faut qu'il y ait toûjours une partie égale de vente & d'achats, & une semblable obligation ou nécessité de faire l'un ou l'autre, sans quoi tout est perdu.

Or du moment qu'un nombre considérable d'acheteurs ou de vendeurs sont mis dans la nécessité d'acheter moins ou de vendre plus vîte, pour satisfaire à quelque demande inopinée ou s'abstenir de dépenser par la même raison ; Voila aussi tôt la denrée à rebut, ou manque d'acheteurs, ou parce qu'il faut la jetter à la tête ; ce qui n'arrive jamais sans ruiner le Marchand, parce qu'alors les gens avec qui on contracte s'éjoüiffant du malheur de leur vosin, croyent avoir gagné le jeu de s'enrichir de sa ruine, ne voyant pas, comme on a dit, que c'est leur propre tombeau qu'ils construisent.

D d

Et il suffit que cette destinée arrive à une partie pour empoisonner tout le reste ; parce que cette parcelle de décôcertement, est un levain contagieux qui corrompt toute la masse d'un Etat, par la solidité d'interest que toutes choses ont les unes avec les autres, ainsi que l'on a montré.

Si c'est la denrée personnellement qui est attaquée par une atteinte particuliére, & qui étant donnée précédemment à un prix courant avec profit du Marchand, a besoin d'une hausse par celle qu'elle a reçûë innopinément, comme un nouveau tribut, pour rendre le vendeur hors de perte ; & l'acheteur n'en voulant point entendre parler, la nécessité de vendre où est le Marchand pour subsister journellement, l'oblige de sacrifier sa ruine future au temps courant.

L'acheteur ne songe à rien moins, qu'à faire réflexion, que tout vendeur n'est que le commissionnaire de l'acheteur, & qu'il doit compter avec lui de clerc à maître, comme un Facteur avec un Négociant, luy

allouant tous ses frais justement dé-
bourfez, & lui payant le prix de son
travail, autrement plus de travail, &
par conséquent plus de profit pour le
maitre,

Cette justice, qui étant de droit
naturel, doit être observée dans le
commerce singulier des moindres denrées, à faute de quoi elles se détruisent
les une les autres, est d'obligation
indispensable dans le trafic des grains
avec tout le reste, parce que donnant
naissance à tous les besoins de la vie,
en quelque nombre qu'ils soient, ils
les jouent tous but à but ; mais il faut
que ce soit à armes égales ; autrement
par les raisons marquées, l'une a
bien-tôt terrassé l'autre ; ce qui est la
mort incontinent de tous les deux,
comme il n'est que trop connu, & que
l'on afait voir.

Cependant par un malheur effroyable, c'est où le déconcertement se
rencontre le plus ordinaire, bien qu'il
n'en est pas dans cet article comme
dans tous les autres qui se trouvent
presque tous ouvrages de main

d'homme , & par conséquent plus
su,ets à leurs loix.

Mais dans celuy-cy , la nature y
ayant la principale & presque l'unique
part , la prévoyance & la sagesse, pour
en faire la dispentation , est son
unique affaire , & un ministére étranger ne s'en sçauroit mêler en nul en-
endroit du monde , sans tout gâter ,
comme l'on a déja dit.

Elle aime également tous les hommes , & les veut pareillement sans
distinction faire subsister : Or comme
dans cette manne de grains elle n'est
pas toûjours aussi libérale dans une
Contrée qu'elle l'est dans une autre ,
& qu'elle les donne avec profusion
dans un Pais , & même dans un
Royaume ; pendant qu'elle en prive
un autre presque tout à fait , elle entend que par un secours mutuel, il
s'en falle une compensation pour
l'utilité réciproque ; & que par un
mélange de ces deux extrémitez de
cherté extraordinaire , ou d'avilissement de Grains , il en résulte un tout,
qui forme l'opulence publique , qui

n'est autre chose que le maintien de cét équilibre si essentiel, ou plûtôt l'unique principe dela richesse, quoi que trésinconnu aux personnes qui n'ont que de la spéculation.

C'est sur quoi elle ne connoît ni différens Etats, ni divers Souverains, ne s'embarrassant pas non plus s'ils sont amis ou ennemis, ni s'ils se font la guerre, pourvû qu'ils ne la lui déclarent pas; ce qui arrivant, quoi que par une pure ignorance, elle ne tarde guéres à punir la rebellion, que l'on fait à ses loix, comme l'on a que trop fait expérience.

Et cela est si vrai que dans l'Empire Romain, où presque toute la Terre connuë, ne reconnoissoit qu'une domination, & où par conséquent cette diversité de Souverainetez, ne mettoit aucun Prince dans ce prétendu & fatal intérest de se révolter contre les loix de la nature, à l'égard des grains; la différence d'un sort contraire à celui tant de fois éprouvé dans l'Europe depuis ces derniers temps, que l'on n'a pas voulu s'en rapporter à elle,

D d iij

eſt atteſtée autentiquement par Sené-
que le Philoſophe , dans ſes écrits.

Il marque en termes formels , que
jamais la nature , de ſon temps, quoi
qu'il fût fort âgé , ni dans l'antiquité ,
dont il avoit une parfaite connoiſſance , n'avoit refuſé , même dans ſa plus
grande colére, le néceſſaire aux hommes pour leur ſubſiſtance : ſi il avoit
vécu dans ces derniers temps, il n'auroit pas aſſurément parlé de la ſorte.

Les Peuples barbares , qui n'ont
d'autres loix ni d'autres livres que
cette même nature, que l'on a connus
dans ces derniers ſiécles , & que l'on
découvre même tous les jours, ſont
encore une preuve vivante & auſſi
certaine de cette vérité.

La nature leur conductrice, ne leur
fait pas à la vérité , dans quelques
particuliers , des repas auſſi magnifiques ni auſſi delicats que dans les Païs
polis , & par conſéquent rebélles ;
mais en général , il s'en faut beaucoup
qu'elle leur en procure d'auſſi mauvais
en ſorte que , tout compenſé , il y a à
dire du tout au tout entre ces deux
diſpoſitions,

On' s'eſt étendu ſur cet article, parce que la dérogeance à cette loi qui devroit être ſacrée, eſt la premiére & la principale cauſe de la miſére publique , attendu que l'obſervation en eſt plus ignorée.

L'équilibre entre toutes les denrées, unique conſervateur de l'opulence génerale, en reçoit les plus cruelles atteintes ; en ſorte que ſi on voit un Royaume tout rempli de biens, pendant que les Peuples en manquent tout à fait, il n'en faut point aller chercher la cauſe ailleurs : Celui-cy périt, parce que ſes caves ſont pleines de vin , & qu'il manque du reſte ; cet autre ſe trouve dans la même diſpoſition à l'égard de ſes grains ; & enfin tout le reſte vivant d'induſtrie de pain & des liqueurs par le fruit de ſon travail , dont le défaut jette également les poſſeſſeurs de ces mannes dans la même miſére , de ne pouvoir en échanger une partie contre leurs autres beſoins , comme des habits, des ſouliers & le reſte.

Si on demande à chacun de ces

particuliers la raifon de leur mifére,
ils répondent tranquillement, qu'ils
ne peuvent rien vendre à moins que
ce ne foit à perte, ne prenant garde
qu'ils ne font dans cette malheureufe
fituation, que parce qu'ils prétendent
exiger cette régle des autres, & ne la
pas recevoir pour eux.

Un Cordonnier veut vendre fes
fouliers quatre francs, fi le prix a été é
une fois à ce taux, il n'en démordera
jamais d'un fol, à moins que ce ne
foit pour faire banqueroute, & veut
néanmoins avoir le blé du Laboureur
pour le prix que l'abondance, jointe à
une défence de l'envoyer au dehors,
le force de le donner, c'eft à dire pour
moins qu'il ne luy a coûté à faire
venir, & ainfi de tous les autres.

Sans que ce malheureux Cordonnier prenne jamais garde qu'il fe bâtit
fa ruine, parce que ce Laboureur eft
par là mis hors d'état de payer fon
Maitre, & celui-ci par conféquent
hors de pouvoir d'acheter des fouliers du Cordonnier; ainfi en vûë de
deux ou trois fois par jour que ce

dernier gagne fur le pain de fa famille,
il fe met à l'Hôpital lui & tous les
fiens.

Or ce feroit une pure extravagance
de prétendre lui faire entendre raifon
là-deffus, en lui repréfentant que le
prix de quatre francs avoit été contracté par ces fouliers, parce que les
Grains étoient à un taux proportionné
en forte que l'un & l'autre des commerçans pouvoient trafiquer avec
profit, mais que préfentement l'un
aiant baiffé, il faut que l'autre en faffe
de même,

Une journée qu'il a devant foi de
moindre obligation de vendre, que le
Laboureur qui eft pouffé par l'Impoft,
ou par le Maitre, fait qu'il fe mocque
de ces raifons ; & tout fon chagrin eft
de n'avoir pas encor le Grain à meilleur marché, & eft affez fot pour en
benir Dieu, qui n'eft point affurément
auteur de cette fituation, parce qu'il
ne l'eft jamais du mal, qu'il ne fait
que permettre ; mais ce font ceux qui
lui procurent par ignorance une fi
fatale félicité.

Quoi que cette erreur à l'égard des
Grains , fût plus que suffisante pour
déconcerter l'équilibre unique conservateur du commerce, & par conséquent de l'opulence publique , elle reçoit encore une grande aide dans
les ateintes particuliéres que l'on donne tous les jours , singulierement tant
aux personnes qu'aux denrées , sur lesquelles les Liqueurs en quelques Païs
en ont assurément pris plus que leur
part ; puisque c'est là , plus que par-
tout ailleurs , où ces deux extrêmitez
d'excés & disette exercent plus vio-
lemment leur empire.

En sorte qu'une si grande combi-
naison de causes desolantes se rencontrant ensemble , bien que ce fût assez
d'une seule pour ruiner tout un
Royame, sçavoir tant à l'égard des
Grains & des Liqueurs , qu'autres
Denrées marquées ; on ne doit pas
s'étonner de voir habiter ensemble
deux choses si contraires , c'est-à-dire
une si grande abondance jointe à une
si extrême misere.

Mais comme si ce n'étoit pas assez

pour tout abîmer, il en vient encore
en fur tout une derniére dictée en
quelque façon par l'injustice même,
puisque c'est une derogeance continuelle à cette vertu dans la répartition
des Impôts.

Un homme riche croit avoir tout
gagné, quand au lieu d'en prendre
la part, par rapport à son opulence,
il en accable tout à fait un malheureux, batissant sa ruine entiére sans
s'en apercevoir.

Il déclare par là qu'il prétend être
seul habitant du monde, & unique
possesseur des fonds & de l'argent ;
ce qui le jette dans la même situation des premiers habitans de la terre,
à proportion que cette conduite a un
malheureux succés, & il possede tout,
sans pouvoir joüir de rien.

Il y a là-dessus une attention à faire, à laquelle presque qui que ce soit
n'a jamais reflechi, qui est, que l'opulence consistant dans le maintien de
toutes les Professions d'un Royaume
poli & magnifique, qui se soûtiennent, & se font marcher reciproque-

ment comme les piéces d'une horlo-
ge ; toutes, à beaucoup prés , ne font
pas l'épreuve de semblables atteintes.

Celles qui font étaillées de longüe
main , ainsi que les Particuliers qui
les professent , ne se trouvent pas absolument déconcertées par la survenüe
de quelqu'orage , quand il n'est pas
de la derniére violence.

Quelques-uns, & même plusieurs,
trouvent dans le passé des ressources
qui aident au present , & même à l'a-
venir ; mais il n'en va pas de même,
à beaucoup prés , d'une infinité d'autres , c'est-à dire , des malheureux à
qui la misére tenant continuellement
le coûteau à la gorge ; c'est tout ce
qu'ils peuvent faire en travaillant
nuit & jour ; que de s'empêcher de
perir : il n'y a continuellement qu'un
filet de distance entre leur subsistance
même assez frugale,& leur destruction
entiere.

Tout roule assez souvent sur un
écu , lequel par un renouvellement
continuel , leur en produit pour l'ordinaire la consommation de cent pendant

dant le cours de l'année.

Que s'ils en sont privez par un coup inopiné, adieu les cent écus de consommation pour l'Etat, ce qui se rencontrant en une infinité de sujets, on voit par là la perte qui en revient à la masse, laquelle seule, malgré l'erreur des riches, est ce qui leur doit procurer leur opulence, au sol la livre du debit qui se fait, pendant que cet écu enlevé à un homme puissant, n'auroit jamais été qu'un écu, tant à l'égard du particulier, que de tout le Corps de l'Etat.

On ne doit pas donc s'étonner que le Païs, où l'assemblage de tant de dérangemens se rencontrent tout à la fois, soit & paroisse miserable dans l'abondance de toutes choses, & qu'il soit comme un Tantale qui perit de soif au milieu des eaux.

Ce n'est point assurément par la faute de la nature, qui a fait plus que son devoir ; c'est parce que non seulement on ne s'en est pas rapporté le à ses operations, mais que même on les a combatuës à toute outrance.

E e

On a regardé ses presens comme du fumier; l'idée & l'usage criminel qu'on s'est fait de l'argent, est cause qu'on lui a sacrifié pour cent fois autant de Denrées les plus nécessaires à la vie, que l'on recevoit de ce fatal métail, qui n'étant introduit (ainsi qu'on a marqué) que pour faciliter le commerce & l'échange, est devenu le boureau de toutes choses; parce qu'aucune n'a le pouvoir comme lui, de servir & de couvrir les crimes, soit en acquerant ou en dépensant.

Cet état de misere ayant donc fait un Dieu de ce qui n'étoit qu'un esclave dans la situation contraire, savoir dans la richesse : Il faut voir avec quelle tyrannie il exerce sa puissance, & quel honteux hommage il fait rendre à sa divinité.

Premiérement, il lui faut faire satisfaction du passé ; & l'outrage qu'il prétend avoir reçu de la concurrance, & même de la préference que l'on avoit donnée à un morceau de papier, & même à la simple parole; sur un

métail fi précieux, doit être folem-
nellement expié par le feu, où tous fes
concurrens doivent être jettez à fort
peuprés, avec promeffe de ne s'en plus
fervir à l'avenir.

Ceci n'eft point un jeu, mais une
verité certaine, connuë de tous les
Négocians.

L'ame qui vivifie ces Billets ou cet
Argent en papier, eft la folvabilité
connuë du Tireur; comme celle-cy
ne roule abfolument que fur la valeur
courante de ce qu'il poffede, foit
meubles ou immeubles, or l'un &
l'autre étant écrafez, à tous momens
par des coups inopiniez, non feulement cette monnoye qui faifoit
vingt & trente fois plus de commerce
que l'argent, eft mife au billon;
mais même toutes les fabriques en
font anéanties, & il faut de ce métail
en perfonne par tout, ou bien c'eft
une néceffité de perir.

On peut bien fupofer qu'une fi
grande furvenuë de fonctions, à une
chofe qui étoit auparavant prefque
entiérement inutile, au moins pour la

subsistance honnête & necessaire de la
vie, le met en état de se bien faire
valoir, & de ne passer entre les mains
de qui que ce soit, qu'à bonnes en-
seignes.

C'est aussi à quoi l'argent ne manque pas, au lieu, comme auparavant,
qu'il ne trouvoit personne qui voulût de son service pour plus que
ses dépens ; non seulement il se
fait doubler & tripler ses apointemens précedens, mais même il veut
souvent avoir tout le vaillant d'un
homme pour entrer chez lui, encore
que quelque tems auparavant il se fût
crû tres-redevable de n'avoir que le
simple couvert. Or cette hausse de
gages ou interêts effroyables, est la
mort & la ruïne d'un Etat, comme il
le seroit d'un Particulier, n'y ayant
nulle différence, quoi que nul homme
n'y fasse réflexion.

Dans les tems d'opulence, il n'é-
toit pas sitôt admis en un lieu, que
l'on songeoit à l'en déloger, & il étoit
accoûtumé, sans s'étonner, à faire
quelquefois plus de cent logis dans

une même journée, c'est-à-dire, cent
fois autant de consommation, & par
conséquent de revenu qu'il en produit dans les tems de misère ; sans
parler de ses consorts, sçavoir le papier & le credit, qui en faisoient vingt
fois plus que lui, & qui perdent leur
vertu du moment qu'il n'y a plus que
l'argent qui en aye ; cependant on a
l'aveuglement de publier contre verité, qu'il n'y a plus d'espéces.

Mais dans l'autre situation, il marche à pas de tortuë; & la grande survenuë de besogne ne sert qu'à le faire
aller plus lentement, devenant paralitique par tout où il met le pied, & il
faut des machines épouvantables pour
l'en déloger, & encore le plus souvent
c'est peine & tems perdu.

Mille raisons autrefois, dont la
moindre auroit été suffisante pour le
faire mettre déhors, sont inutiles le
plus souvent, pour en obtenir le
moindre mouvement ; ce qui ne diffe-
re guere d'une banqueroute generale,
mettant tout le monde sur le qui vive,
& faisant prendre à toute heure, des

lettres d'atermoyement.

La vie que le possesseur croit uniquement attachée à sa garde, fait qu'il en défend la possession, comme il en useroit à l'égard de sa propre personne, si on venoit pour l'assassiner : On se retranche à moins dépenser, qui est un rangrégement de mal qui augmente la misere, & par conséquent la rareté de l'argent.

On sçait qu'alors les plus grandes violences, & même les crimes, sont excusables ; on en use même, & on croit le pouvoir faire innocemment dans ces tems fâcheux à l'égard de la garde de l'argent.

Dans un Païs opulent par lui même il ne doit pas naturellement former plus de la milliéme partie des facultez, en lui supposant toute sa valeur ordinaire ; mais dans ce déconcèrtement, lui seul est, & s'apelle richesse, tout le reste n'est que de la poussiére.

Il y avoit peu de fausses Divinitez dans l'Antiquité ausquelles on sacrifiât generalement toutes choses ; on immoloit aux unes des bêtes, aux autres des fruits & des liqueurs, & dans le plus grand aveuglement, la vie de quelque malheureux.

Mais l'argent en use bien plus tyranniquement ; on brûle continuellement à son autel non toutes ces denrées, dont il est en quelque maniére rebuté, il lui faut des immeubles, si l'on veut captiver sa bien-veillance, encore faut-il que ce soit les plus specieux, les plus grandes terres : les Dignitez autrefois du plus grand prix, & même les Contrées entiéres ne lui sont pas trop bonnes, ou plûtôt ne font qu'aiguiser son apétit : & pour les victimes d'hommes, jamais tous les fleaux, dans leur plus forte union & leur plus grande colere n'en détruisirent un si grand nombre, que cet idole d'argent s'en fait immoler : car premiérement ces marques de l'ire du Ciel n'ont qu'une courte durée, après quoi un Païs desollé se rétablit quelquefois mieux que jamais, mais ce Dieu devorant ne s'attache jamais à son sujet comme le feu materiel, que pour le devorer : les premiéres ma-

tiéres redoublent son ardeur pour
consumer le reste, & l'aneantissement
de biens éfroyables qu'il cause incom-
modant les plus riches, fait que la
cottepart de ce dechet sur les miserables est la supression de leur nécessaire, dont qui que ce soit ne peut
être privé sans le deperissement entier
du sujet, ce qui n'est que trop connu.
Aprés cela les hommes ne font-ils pas
sans comparaison comme les bêtes,
& sur tout les chevaux ? Qui feroit
travailler continuellement un cheval,
sans lui donner que le quart de sa
nouriture necessaire, n'en verroit-il
pas incontinent la fin ? Or des hommes à qui il faut une peine continuelle, & suer sang & eau pour subsi-
sister, sans autre aliment que du pain &
de l'eau, au milieu d'un Païs d'a-
bondance, peuvent-ils esperer une
longue vie, ou plûtôt ne perissent-ils
pas tous à la moitié de leur course,
sans compter ceux que la misere de
leurs parens empêche de sortir de
l'enfance, étans comme étoufez
au berceau, ce Dieu ou ce Vaut

tour l'Argent, les devorant à tout âge
& en toutes sortes d'états.

Voilà la description, la cause & les
éfets de la misere, lorsqu'elle paroît
dans un Païs, qui devroit être riche
par la destination de la nature, & qui
le seroit même si on lui laissoit ache-
ver son ouvrage, comme elle l'a commencé ; elle est même si bien-faisan-
te, qu'elle est toûjours disposée à ré-
parer le desordre au moindre signe
qu'on lui fera ; mais ce ne peut être
qu'en quittant le faux culte de ce métail son ennemi, ou pour mieux dire
celui des hommes.

Il ne faut pas que l'esclave devienne
le maître, ou plûtôt le tyran & l'i-
dole ; c'est à la nature qui produit
ses faveurs à les départir, autrement
elle prend son congé, ce qui ne diffe-
re point d'un boulversement general ;
& les particuliers qui croyent faire
leur fortune, & la font même appa-
remment dans une déroute si univer-
selle, en pêchant, comme l'on dit,
en eau trouble, ne montent si haut
qu'afin que leur chûte les blesse davantage.

La nature qui les voit courir devant elle, sans faire semblant de les apercevoir, ne les oubliera pas à la fin dans sa vengeance ; le crédit qu'elle leur fait leur sera cher vendu, puisqu'ils ne seront jamais que des misérables lorsqu'ils croiront pouvoir seuls être riches.

L'interest que tous les hommes ont en particulier de combatre une pareille situation, & d'en sortir lorsqu'ils s'y trouvent malheureusement envelopez, est augmenté dans les Princes à proportion de leur élévation, qui n'est absolument autre au sol la livre que celle de tous leurs sujets en general, & c'est ce que l'on fera voir dans le Chapitre suivant.

CHAPITRE SIXIEME.

LEs Princes dans les Etats desquels se passe ce dérangement, ou plûtôt ce boulversement de la nature de l'argent qui met tout en combustion, & en quelque maniére res pierrre rés terre, sont constamment les plus malheureux.

Comme cela ne se peut operer & ne s'opere pas même que par des interêts indirects, qui n'ont pas un droit naturel à la chose, les Sujets se mettent peu en peine de ce que doit coûter à tout un corps d'Etat un bien qu'ils n'auroient pû jamais aquerir d'une façon légitime.

Mais il s'en faut beaucoup que l'on doive faire le même raisonnement des Souverains; non seulement ils n'ont pas besoin de crime pour aquerir & subsister, leur maintien étant de droit divin & humain, mais même toutes les pertes que les particuliers souffrent

ou plûtôt tout le corps d'Etat, pour
former par une infinité d'enéantissé-
mens ces précis criminels, retombent
sur leur propre personne.

Ils sont les premiers propriétaires &
les possesseurs éminens, en termes de
Philosophe, de tous les fonds, & sont
riches ou pauvres à proportion qu'ils
sont en valeur.

C'est de la part qu'on leur fait des
fruits, qu'ils soûtiennent leurs grandeur, & entretiennent leur armées, &
non pas de la destruction de toutes
ces choses, comme l'on a malheureusement pratiqué en quelques Contrées.

Ainsi un Ecu à leur égard, ne vaut
jamais qu'autant qu'eux ou ceux qui
sont à leur solde s'en peuvent procurer
de pain, de vin & des autres denrées ;
& sans les incommoditez du transport
ils seroient tous disposez à donner la
préference à ces choses en essence,
pour lesquelles seules ils veulent
avoir de l'argent, & sçavent bien
pareillement que leurs sujets ne leur
en peuvent donner que par le debit
de ces mêmes denrées.

Le

« Le crime donc & les aneantissemens
de fruits ne leur étant pas nécessaires
pour recevoir de l'argent, ny n'en
voulant point faire non plus un usage
criminel, il s'en faut beaucoup que
ce Métail soit ou doive être un Idole
chez eux, comme il est chez des Sujets
qui n'ont point d'autre ressource que
le crime pour finir leur misere, & à
qui encore une fois les horreurs générales sont fort indifférentes, quand
elles font leur fortune particuliére.

Ce n'est donc ny leurs interêts ny
leur volonté que les terres démeurent
en friche, les fruits les plus précieux
à l'abandon, par l'avilissement où ils
se trouvent dans des Contrées, pendant que d'autres en manquent tout à
fait, qui souffrent le même fort à l'é-
gard d'autres denrées singuliéres,
qu'elles eussent données en contr'é-
change, par une compensation réciproque de deux extrêmitez trés-
defectueuses, qui auroient formé deux
situations parfaites de deux disposition-
ons trés-malheureuses, s'il n'y avoit
eu encore une fois que les interêts

F f

des particuliers & ceux du Prince à
menager.

Mais les Sujets qui ne peuvent vivre
& s'enrichir que de precis, mettent
tous ces biens dans un alambic, & en
font évaporer en fumée dix neuf parts
sur vingt; & de cette vingtiéme, en
donnant une partie au Prince, ils
croyent non seulement s'être bien acquittez de leur devoir, mais même
que ce sont eux qui font subsister son
Etat; & que sans ce fatal secours
tout seroit perdu.

On se met un bandeau devant les
yeux, pour supposer que la garantie
ou le ministére personnel de gens qui
n'ont rien absolument d'eux mêmes,
est d'une nécessité indispensable pour
faire payer ceux qui possédent tout,
& que ce cruel service ne peut jamais
être acheté à un assez haut prix.

Et ce qui renchérit encore par là
dessus, est qu'on se forme un monstre
beaucoup plus épouventable, & fait
en quelque maniére honte aux lumiéres de l'homme; sçavoir, que
n'étant pas douteux que le Prince ne

voulant avoir de l'argent que pour
avoir des denrées ; comme pareillement que ses Sujets ne les lui peuvent
fournir que par la vente de ces mêmes
choses, ainsi que l'on a dit tant de
fois : on souffre néanmoins tranquilement , & on regarde même avec
admiration des moyens , lesquels pour
parvenir à cette fin , abiment vingt
fois autant de toutes choses , qu'ils
en mettent à profit.

On regarde comme une vision creuse
une fable ce que l'on vient de marquer ; savoir, qu'un Souverain n'a de
bien qu'autant que ses Sujets en po-
ssedent , & qu'ils ne lui feront jamais
par de ce qui n'est point en leurs
mains , ou n'est ni consommé ni vendu , étant défendu par la nature de
donner ce que l'on n'a point , ou qui
est anéanti , comme il arrive à tout ce
qui ne peut être vendu , ou qui l'est
avec perte du Marchand

S'ils ont beaucoup de blez par la
culture de quantité de terres , renduë
possible par un prix de grains qui su-
portent les charges & les frais, le

Prince assurément aura de quoi donner
du pain à quantité de troupes.

De même du vin , des habits, de
la viande, des chevaux, des cordages,
bois de charpente, des métaux dont
on construit toutes sortes d'armes , &
enfin toutes les espéces dont on léve
& entretient toutes les Armées de
terre & de mer , lesquelles ne reçoivent leur naiſſance , leurs bornes &
leurs durées , que du degré de poû-
voir plus ou moins, que le Païs a non
feulement de les conſommer qui eſt
feul ce qui fait tirer ces biens des entrailles de la terre , parce qu'il faut
que les Particuliers en abſorbent pour
leur uſage , dix fois plus que le Souverain, ſi l'on veut que cette redevance ſoit 'e durée , & ſi le Prince a beſoin d'une quantité de denrée , comme des matiéres dont on conſtruit
les Vaiſſeaux & armées de mer , dans
un degré qui excede la proportion de
conſommation dans ſes Sujets ; en
forte qu'il lui en faille davantage
qu'une partie de leur uſage ordinaire,
cela ſe remplace par le changé qu'il

fait & peut faire d'autres choses qu'il reçoit en plus haut degré qu'il ne lui en faut, & il prendra toute la fonte d'un Ouvrier qui ne travaillera que pour le Prince seul, parce que lui seul lui payera toute sa dépense à l'aide de ce qu'il a d'excedant d'autres redevances qu'il ne peut consommer : Tout de même comme un Particulier qui n'a que du blé, comme c'est en tres-grande quantité, il échange le surplus de son necessaire contre tout le reste de ses besoins ou de ses desirs.

Car enfin quelque justice qu'il y aye dans les tributs dûs aux Princes, il seroit impossible aux Peuples de s'en aquiter, s'ils ne trouvoient leur subsistance dans les moyens que l'on prend, ou que l'on leur fait prendre pour y satisfaire ; & il faut même que cette subsistance précede toutes sortes de payemens, par une justice qu'on doit jusqu'aux bêtes, & dont Dieu fait mention dans la premiére loi qu'il donna aux hommes.

Le maître d'un cheval de voiture.

F f iij

luî donne fa nourriture, avant que de
prendre le profit qu'il tire de fon fervice, ou bien il le perdra abfolument,
ce qui ne manquera pas de le ruiner
fans que perfonne le plaigne, ni doute de la caufe de fa defolation, qu'il
s'eft attirée par fon imprudence.

Qu'un Prince en ufe de même,
lorfqu'il eft maître d'un Païs naturellement fecond, & que le Peuple
eft laborieux, & rien ne lui manquera.

La fuppofition ou la pratique du
contraire, font un outrage à la religion, à l'humanité, à la juftice, à la
politique, & à la raifon la plus groffiére.

Pourquoi donc dans une Contrée
naturellement tres-fertile, voit-on un
Souverain qui n'a pas des Armées
auffi nombreufes & auffi-bien entre-
tenuës qu'il feroit à foûhaiter, & que
fes befoins fembleroient exiger, c'eft
parce qu'il n'a pas affez de pain, de
vin, de viande, & enfin de tout le
refte à départir ?

Et pourquoi ce défaut ? c'eft que

les terres de son Royaume, qui produiroient amplement toutes ces denrées, sont en friche & tres-mal cultivées.

Et pourquoi enfin ce desordre ? c'est parce qu'on a lié la bouche non seulement aux bêtes, mais aux hommes contre le Précepte divin, pendant qu'ils travailloient dans le champ.

On leur a refusé leur vie & leur subsistance, & ils ont abandonné le travail.

Qui a fait ce beau ménage ? ce sont les Sacrificateurs & les Prêtres de cet Idole, l'Argent.

Il n'a qu'une concurrence à l'égard du Prince avec les autres denrées, & il ne doit être que leur esclave ou leur porteur de procuration, pour la garantie de la tradition future de l'échange, tant envers le Prince qu'entre les Particuliers, qui n'ont qu'un seul & même interest ; mais il s'en faut beaucoup que les Prêtres de cet Idole le regardent de même œil.

Toutes ces forces d'Armées & de

Flotes, ou plûtôt de maintien de l'o-
pulence publique, ne font que des
victimes qu'il faut brûler nuit & jour
à cet Autel; & non content des fruits,
il faut que les fonds prennent une
femblable route, & foient immolez à
ce Dieu, comme il n'eft que trop
public en quelques Contrées de l'Europe.

Il y a donc de l'Argent bien-fai-
fant, foûmis aux ordres de fa vocation dans le monde, toûjours prêt à
rendre fervice au Commerce, foit
qu'il foit befoin de lui faire la moi n-
dre violence, pourvû que l'on ne le
dérange pas, & que devant être à al
fuite de la confommation, ainfi qu'un
valet à celle de fon maître, on ne le
veüille pas faire paffer devant, ou
plutôt en former un Vautour qui les
devore toutes,

Tant qu'il demeure dans ces bornes, non feulement il ne le déconcerte pas, mais même il la fomente &
la fait fleurir; & bien loin de refufer fon fecours, & que l'on puiffe
jamais en avoir difette; la celerité

avec laquelle il marche, fait qu'on le
peut voir en un moment dans cent
lieux différens ; & quand cela ne
suffit pas , il souffre tranquilement la concurrence , & même la
preference, que l'on donne à un morceau de papier ou de parchemin sur
lui , n'y ayant aussi presque aucunes
denrées qui ne le remplacent avec
équivalence par le prix soûtenu de
leur valeur.

Mais il y a de l'Argent criminel,
parce qu'il a voulu être un Dieu au
lieu d'un Esclave , qui aprés avoir
déclaré la guerre aux Particuliers , ou
plûtôt à tout le Genre Humain , s'a-
dresse enfin au Trône , & ne lui fait
pas plus de quartier qu'à tout le reste,
en lui refusant une partie des be-
soinss dont il met tous les jours une
quantité éfroyable en poudre , étant
même impossible que les choses soient
autrement.

Et le cruel est , que comme l'Ignorance a fait admittre & souffrir sa
tyrannie, elle redouble ses éforts pour
empêcher toute sorte de fin à ces desordres , & fait chercher dans le re-

doblement du mal , le remede de ceux qu'il a caufez.

Cet Argent criminel , ou plûtôt fes Fauteurs , ont la hardieffe & l'éfronterie d'aleguer , lorfque la defolation publique eft dans fon dernier periode, qui eft leur unique ouvrage , que c'eft qu'il n'y a plus d'efpéces , & qu'elles ont paffé dans les Païs Etrangers.

Mais c'eft juftement le contraire, & il y en a trop fi l'on n'en corrompoit pas l'ufage par les maniéres décrites dans ce Mémoire , lequel étant rétabli comme cela fe peut en un moment ; on ne verra rien d'approchant de ce qui paroît aujourd'hui. Si quelques Particuliers ne fent pas fi magnifiques , tout le refte ne fera pas fi miferable; & par une jufte compenfation , on fera vingt fois plus riche en general , & par confequent le Prince, que l'on ne l'eft dans la fituation oppofée qui fublifte , & que l'on combat.

De croire que le reméde du mal puiffe jamais naître des auteurs même, c'eft s'abufer groffiérement.

La corruption du cœur ne permettra jamais que l'on balance dans le choix, entre une misere innocente & une opulence criminelle ; sur tout, lorsque l'un & l'autre se trouvent en compromis en un si haut degré, que ce genre de richesse est bien éloigné de craindre aucune persecution de la part des personnes qui soient à apprehender.

La preference est donnée au dernier tous les jours à moindre prix ; ainsi l'on peut supposer ce qu'on en peut attendre en pareille occasion.

La perfection & le comble, sont les raisons & les discours qui se répandent, lorsqu'il est question de parler du remede ; on ne touche de rien moins que d'un renversement entier d'Etat, quand on parle de voir s'il n'y auroit pas moyen de faire cesser le plus grand boulversement qui fut jamais.

Et l'on n'a point honte de soûtenir; par un redoublement d'outrage à la raison, que l'on ne peut discontinuer de laisser les terres du milieu d'un

Royaume en friche, & les fruits excrûs au neant, pendant que les Peuples voisins en manquent tout à fait,
jusqu'à ce qu'une guerre étrangere
qui se passe à deux cens liües de ces
Contrées, soit finie; bien 'qu'au
contraire son sort bon ou mauvais,
dépende absolument des mesures justes ou mal concertées qu'on prend
au dedans d'un Etat : Or il est aisé de
juger sur ce compte, quel succés on
peut attendre des dispositions telles
qu'on les vient de décrire, quand par
malheur elles se rencontrent, & que
les ennemis en prennent de toutes
contraires, qui sont celles de toutes
les Nations du monde.

Outre que toutes les choses que
l'on aneantit sont seules le soûtien de
la guerre, & qu'elles y ont constamment la principale part, par une ample fourniture aux décisions de la fortune; la parfaite connoissance que
des ennemis peuvent avoir, que cette
unique ressource des armée sera plus
ou moins de durée chez les Nations
opposées, par rapport à la situation
où

où ils se trouvent à l'égard de ces mêmes provisions, est uniquement ce qui les porte à entendre à la paix, qui doit être l'objet de toutes les guerres, quelques saintes & quelques justes qu'elles soient.

Il ne faut qu'un moment pour changer tout à coup cette malheureuse situation, décrite dans le Mémoire des mauvais effets de l'Argent criminel, en un Etat tres-heureux.

Il n'est pas question d'agir, il est necessaire seulement de cesser d'agir avec une tres-grande violence que l'on fait à la nature, qui tend toûjours à la liberté & à la perfection.

Comme il n'y a que de la surprise à l'égard de ces desordres, tant dans les Princes que leurs Ministres, qui ont toûjours bien été intentionnez, leur simple changement de volonté, sera la fin de tout le mal, & le commencement d'une opulence generale, & de celle du Souverain par consequence.

Ils n'ont qu'à souffrir que chaque particulier soit personnellement le

G g

Fermier du Prince à son égard, & que
le prix de ce bail n'excede pas la
valeur de la ferme ; ce qui arrivant
& ce qui n'est pas inconnu , un Fermier ne peut que prendre la fuite , &
laisser la terre en friche , par où le
Prince perd pour le moins autant
que lui.

Bien loin qu'après qu'un malheureux alambic a fait évaporer une
quantité éfroyable de biens & de
denrées pour former ce fatal precis à
son Maître ; que l'impost perdu par
le Prince sur les biens aneantis , soit
remplacé par ceux qui ont causé ce
déperissement , ce qui ne seroit pas
même à leur pouvoir : c'est justement
le contraire , puisqu'ils ne payent
pas même leur cottepart d'une juste
contribution , par rapport à ce qui
reste de biens en essence en leurs
mains ; par cette malheureuse coûtu-
me , que la quantité de facultez
est une sauvegarde contre les impôts
dûs au Prince , qui ne doivent être
exigez ou payez que par ceux qui
s'en trouvent & en doivent être ac-
cablez.

Ainſi l'on voit la perte éfroyable qui réſulte à un Souverain de cette conduite : mais ce n'eſt pas tout, ou plutôt ce n'eſt que la moindre partie du deſaſtre qu'il ſouffre ; & pour le vérifier, il faut rappeller ce qu'on a dit cydevant : Sçavoir, qu'un écu chez un pauvre ou un tres-menu commerçant, fait cent fois plus d'effet, ou plutôt de revenu que chez un riche : par le renouvellement continuel & journalier que ſouffre cette modique ſomme chez l'un, ce qui n'arrive pas à l'égard de l'autre, dans les coffres duquel des quantitez bien plus grandes d'argent, demeurent des mois & des années entiéres oiſeuſes, & par conſequent inutiles, ſoit par corruption du cœur aveuglé par l'avarice, ou dans l'attente d'un marché plus conſiderable.

Or ſur cette garde, le Roi ou le corps de l'Etat ne retirent aucune utilité, & ce ſont autant de larcins que l'on fait à l'un & à l'autre.

Mais cette ſomme, comme de mille écus, départie à mille menuës gens,

auroit fait cent mille mains , dans un
moindre tems qu'elle n'a refidé dans
les coffres de ce riche ; ce qui n'auroit pû arriver , que faifant par conféquent pour cent mille écus de confommation , le Prince en auroit eu
& reçû la dixiéme partie pour fa part;
c'eft-à-dire, qu'il eût reçû la valeur de
mille écus fur une fomme,à l'égard de
laquelle il ne reçoit pas un denier
par le dérangement de l'ufage que
l'on en fait , & que l'on augmente
& fomente tous les jours , en lui per-
fuadant fauffement , que c'eft pour
fon utilité particuliere que l'on ruine
également lui & fes peuples.

Si donc les riches entendoient leurs
interêts , ils déchargeroient entierement les miferables de leurs impôts,
ce qui en formeroit fur le champ autant de gens opulens ; & ce qui ne fe
pouvant fans un grand furcroît de
confommation , laquelle fe répandant
fur toute la maffe d'un Etat , cette
démarche dédommageroit au triple
les riches de leurs premiéres avances,

étant la même chose qu'un Maître
qui prête du grain à son Fermier pour
ensemencer sa terre , sans quoi il per-
droit la récolte : Et la pratique du
contraire par le passé , coûte de compte fait à ces Puissances , six fois ce
qu'ils ont prétendu gagner , en ren-
voyant tous les impôts sur les miserables.

Ainsi l'on voit par tout ce Memoire , de quelle force on donne le
change au Prince , lorsque l'on lui
fait concevoir que son interest consiste à entretenir des mediateurs entre
son peuple & lui ; pour le payement
des impôts , qui mettent tout dans
l'alambic pour former ces précis criminels ; mais comme c'est par une des
plus hautes violences que la nature
aye jamais reçûë , le remede est d'autant plus aisé dans les contrées où ce
déconcertement se rencontre , qu'il
n'est pas question , encore une fois ,
d'agir pour procurer une très-grande
richesse , mais de cesser seulement d'a-
gir avec violence ; ce qui absolument
n'exige qu'un instant.

Et auſſi-tôt cette même nature miſe en liberté, rentrant dans tous ſes droits, rétablira le commerce & la proportion de prix entre toutes les denrées ; ce qui leur faiſant s'entre-donner naiſſance & s'entre-ſoûtenir continuellement par une viciſſitude perpetuelle ; il s'en formera une maſſe generale d'opulence, où chacun puiſera à proportion de ſon travail ou de ſon domaine, & ce qui allant toûjours en augmentant, juſqu'à ce que la terre d'où partent toutes ces ſources, ne puiſſe plus fournir, on peut ſuppoſer quelle abondance de richeſſes on verroit ; ſi toutes choſes, tant le terroir que le reſte, étoit autant en valeur qu'il ſeroit poſſible à la nature de les y mettre, puiſqu'il n'y a point de Contrée ſi inculte & ſi ſtérile, qu'il ne fût aiſé de rendre trés-abondante, ſi le prix des fruits que l'on y recuëilliroit, ne manquoit point de garantie, par rapport aux frais qu'il auroit falu faire pour y parvenir.

Ce qui n'arriveroit néanmoins jamais, ſi d'autre côté une infinité

d'hommes, qui ne confomment prefque rien, foit dans leur nouriture &
dans leurs habits, par indigéce, étoient
mis en état, comme cela feroit aifé
de fe pouvoir fournir amplement de
toutes leurs neceſſitez, & même du
fuperflus.

On peut dire même que l'on a des
exemples dans l'Europe, de ce fecours
mutuel que fe font donnez, tant ces
hommes denuez, que ces terres mal
partagées par la nature, leur alliance
eft un peu & même beaucoup difficile
à contraƈter, les commencemens en
font trés-rebutans; il faut que le travail & la frugalité marchent long-
tems du même pied à un trés-haut
degré, mais enfin l'un & l'autre viennent à bout de tout, & furpaſſent
même aſſez fouvent en richeſſe des
Contrées & des Peuples beaucoup plus
favorifez du Ciel : les Barbets vivent
commodément dans les rochers des
Alpes; & l'Efpagne manque prefque
de tout dans un Païs trés fertile &
trés fécond, qui eft le plus fouvent
inculte, en quantité d'endroits.

Màis comme c'est un chef-d'œuvre
de la nature , il faut qu'elle agisse dans
toute sa perfection ; c'est-à-dire, dans
toute sa liberté pour produire de pareils ouvrages : le degré de dérogeance que l'on apporte à l'un ; Sçavoir,
à cette liberté , est aussi-tôt puni
d'une pareille diminution , dans l'autre.

Ainsi l'on peut voir pour finir cet
Ouvrage , quelle éfroyable méprise
est , de se défier de la liberalité ou de
la prudence d'une Déesse , qui sçait
procurer des richesses immenses dans
les Païs les plus stériles aux hommes,
lesquels avec leur travail veulent bien
s'en rapporter à elle , pendant qu'elle
laisse dans la derniere indigence,ceux
lesquels aprés les avoir beaucoup
mieux partagez , ne lui marquent leur
reconnoissance qu'en la voulant reduire dans l'esclavage , de quoi ils ne
viennent malheureusement à bout,
que pour se rendre eux-mêmes plus
miserables que des esclaves.

Cependant elle est si bien faisante ,
& elle aime si fort les hommes , qu'au

premier repentir elle oublie toutes les indignitez passées, & les comble par conséquent en un moment de toutes les faveurs, ainsi que l'on a dit.

Il n'est question que de luy donner la liberté ; ce qui n'exige pas un plus long-temps que dans les afranchisse-mens d'esclave de l'ancienne Rome, c'est-à-dire un moment, & aussi-tôt toutes choses reprenant leur proportion de prix, ce qui est absolument nécessaire pour la consommation, c'est-à-dire l'opulence générale, il en résultera une richesse immense.

Le Laboureur ainsi que le Vigneron, ne cultiveront plus la terre à perte & ne seront point par là obligez de la laisser en friche ; & comme ils sont l'un & l'autre les nouriciers de tout le Genre humain, ils ne se verront point obligez de déclarer à la plûpart des hommes, comme ils font presentement en quelques Contrées de l'Europe, qu'il n'y a plus de pain & de vin pour eux, parce qu'ils n'ont pas voulu ou pû payer les frais ordinaires, ou survenus par accident aux

Commiſſionnaires ; ce qu'il ne faut jamais attendre de leur libéralité, ou de leur prudence, quand ils devroient tous mourir de faim l'un aprés l'autre : Ce qui prouve que tout impoſt ſingulier ſur une ſeule denrée, eſt mortel à tout l'Etat, parce que tout y étant ſolidaire, les autres au lieu de partager le fardeau, le lui laiſſent tout entier ; ce qui les ruïne toutes par contrecoup manque d'intelligence, au lieu que les impôts perſonnels par rapport aux facultez générales de chaque Sujet, ſe répandent & ſe partagent ſur toute la maſſe, & font l'impartition de la charge au ſol la livre ſur chaque denrée qui eſt abſolument néceſſaire pour le commun maintien, & qu'il ne faut jamais attendre de la prudence & de la raiſon des Particuliers qui ne cherchent qu'à ſe détruire, ſur tout dans une Contrée où la deſolation générale eſt en poſſeſſion de former les plus grandes fortunes.

L'Argent alors par cette ſurvenuë innombrable de concurrens, qui ſeront

les denrées même , étans rétablies
dans leur véritable valeur , fera rem-
barré dans fes bornes naturelles , de
tyran & de maître , il ne fera plus
qu'un efclave , & dont le fervice même fe trouvera le plus fouvent inutile;
& dans cette hauffe éfroyable de
mouvemens qui lui furviendroit à la
fuite de la confommation , une courfe
ou deux davantage chez le Prince ,
fuivies fur le champ d'un retour auffi
prêt , feroient imperceptibles , & ne
laifferoient pas d'être un doublement
de tribut qui bien loin d'incommoder
les Peuples , ne feroit que l'éfet de
leur crûë d'opulence , toute fortes de
redevances tirant leur degré d'exces
ou de médiocrité , non de leur quotité
finguliére & abfoluë , mais des facultez de ceux qui payent ; & ces fre-
quentes vifions d'argent , auparavant
caché ou paralitique , feroient dire
qu'il y en auroit beaucoup à ces mêmes ignorans qui publient que la
mifere moderne vient du manque
d'efpéces.

Comme tout cecy ne fe peut aux

Païs où ce déconcertement se rencontre, que par une ceffation de maniéres, pour lefquelles quoique trés-ruineufes on croyoit mériter de fort grands aplaudiffemens ; on aura pejne à compréndre & fouffrir que l'on vétifie contradictoirement , que bien loin que de pareils établiffeméns fuffent un fujet de mérite & l'éfet de lumiéres au contraire on leur eft uniquement redevable, tant le Prince que fes Peuples , dune extrême mifere , laquelle ceffera auffi-tôt que la caufe (qui ne pend qu'à un filet du côté de la nature) fera ôtée.

Mais il s'en faut beaucoup que ce foit la même chofe du côté de la volonté, ou plûtôt du cœur , qu'un mort reffufcité , au témoignage de l'Ecriture Sainte , ne convertiroit pas lorfqu'il eft une fois prévenu.

Voila le principe pitoyable de l'alégation, que l'on ne peut fans rifquer un boulverfement d'Etat , ceffer dé ruiner meubles & immeubles depuis le matin jufqu'au foir , pour ne reconnoitre d'autre Dieu ny d'autre

bien

bien que l'Argent, qui n'en doit pas faire la milliéme partie dans un Royaume, remply de denrées propres à tous les besoins de la vie ; & qui n'est principe de richesses qu'au Pérou, parce qu'il y est uniquement le fruit du Païs, qui bien loin par là d'être digne d'envie, ne nourit ses habitans que trés misérablement au milieu de piles de ce métail, pendant que des Contrées qui le connoissent à peine ne manquent d'aucuns de leurs besoins.

Pourvû, s'entend, que la liberté ou plûtôt la nature fasse la dispensation de ses presents, puisque la production a été son ouvrage.

Car enfin pour faire un précis salutaire de ces Mémoires, dont l'objet a été de combattre les précis criminels, on peut dire avec certitude que l'opulence génerale, tant à l'egard du Prince que de ses Peuples dans un Païs abondant, est un composé géneral & perpetuel où chaque Particulier doit travailler à tous momens, par un aport & un remport à

la maſſe toûjours pareil, tant dans
l'un que dans l'autre, le peril étant
égal de quelque côté qu'arrive la diminution ; ce qui étant obſervé
exactement, il en réſulte une compoſi-
tion parfaite où l'on trouve tout,
parce qu'on y aporte tout ; mais du
moment que quelqu'un veut déroger
à cette régle de la juſtice, pour prendre plus ou aporter moins que ſa part,
la defiance alors arivant, ainſi que le
déconcertement de proportions de
prix, la maſſe ſe corrompt, & les
Particuliers qui n'y trouvent plus leur
ſubſiſtance, ſont obligez d'y pourvoir
par des meſures ſinguliéres, qui ſont
trés deſolantes & preſque toûjours
criminelles, ou plûtôt toûjours l'un
& l'autre.

Chacun périt, ainſi qu'on a marqué, par l'excés d'une denrée & la
diſette d'une autre, ce qui jette tous
les Sujets réciproquement dans la
miſére, pendant que la compenſation
mutuelle de ces extrêmitez les avoit
rendus trés heureux.

Il en arive comme ſi quelque Prince

abusant de son autorité , ce qui n'est
pas inconnu dans les persécutions de
l'Eglise naissante ; si , dis-je , un
Souverain , pour tourmenter & faire
périr divers Sujet d'une façon grotes-
que, en faisoit enchainer dix ou douze
à cent pas les uns des autres , & que
l'un étant tout nud , quoiqu'il fît
grand froid , il eû une quantité éfroyable de viande & de pain auprés de
lui , & plus dix fois qu'il n'en pouroit
consommer avant que de périr , ce
qui ne seroit pas fort éloigné , parce
qu'il manqueroit de tout le reste , &
sur tout de liqueurs dont il n'auroit
pas une goute à sa portée : Pendant
qu'un autre enchaîné dans l'éloignement marqué , auroit une vingtaine
d'habits autour de lui & plus trois
fois qu'il n'en pouroit user en plusieurs
années , sans aucuns alimens pour
soûtenir sa vie , & défenses de lui en
fournir : Un autre à pareille distance,
se trouveroit environné de plusieurs
muids de liqueurs , mais sans nuls habits ni alimens , il seroit vray de dire
aprés leur dépérissement qui seroit

immanquable , si la violence se continuoit jusqu'au bout , qu'ils seroient tous morts de faim , de froid & de soif , manque de liqueurs , de pain , de viande & d'habits : Cependant il seroit très-certain que tout pris en géneral , non seulement ils ne manquoient ni d'alimens ni d'habits , mais que même ils pouvoient sans la force majeure , être bien habillez & faire bonne chére.

Et si quelqu'un au fort de leur mal, avant leur déperissement entier , imploroit la clemence du Prince pour les faire déchainer , ce qui se pouroit en un instant , & ce qui ne manqueroit pas sur le champ de les rendre heureux par une échange réciproque , à quoy ils ne tarderoient pas un moment ; le Prince repartoit , ou ceux qui le feroient parler , que le tems n'est pas propre , & que cela pouroit porter un grand préjudice , qu'en tout cas il faudroit atendre qu'un démêle qu'il a à deux cens lieuës de la Contrée où ces malheureux seroient en souffrance fût terminé; ne jugeroit on pas auſſi-tôt, que l'on voudroit ajoûter l'injure & la raillerie à la perſécution.

Il peut y avoir des Païs ſur la terre où il ſe paſſe, non pas à peu prés, mais à un plus haut degré des exemples d'une pareille conduite, & en faveur deſquels on alegue de pareils raiſonnemens pour ſon maintien, ou pour tarder le reméde lorſqu'on parle de l'aporter comme cela ſe peut pareillement en un moment.

Mais n'y ayant que de la ſurpriſe, & nulle mauvaiſe volonté dans les maîtres du théatre où une pareille ſéne ſe peut paſſer aujourdhui, on en doit avec certitude eſpérer la ceſſation, qui ſera ſur le champ un triplement d'opulence publique, dont il eſt autant impoſſible que le Prince n'aye pas ſa part, qu'il n'eſt pas préſumable que l'Etat contraire & deſolant qui ſubſiſte n'aporte pas une diminution éfroyable dans ſes revenus, tant preſens que poſſibles.

Et dire que cela ne ſe peut pas en deux heures de travail & quinze jours

d'exécution , est proferer la même
extravagance que l'on vient de mettre
dans la bouche des Auteur de la violence , que l'on a cy-dessus décrite ou
supposée.

Tout se réduit enfin dans quatre
mots souvent répétez, Sçavoir, que
les Peuples ne peuvent être riches ny
payer le Prince , que par la vente de
leurs denrées : Or si l'on peut en deux
heures de travail , ou plûtôt de cessation de travail , doubler cette même
vente de denrées , comme on ne peut
contester sans renoncer à la raison &
au sens commun , il est d'un pareille
certitude que l'on peut en deux heures
doubler leur richesses , & par conséquent les revenus du Prince , bien
qu'on aye en quelque Contrées de
l'Europe justement pris le contre-pied,
pour parvenir aux mêmes intentions ,
ce qui a produit la desolation publique. Ainsi par le principe naturel que
des causes contraires , on en voit des
éfets de même genre, les conséquences
promises & marquées dans ce raisonnement , où ces Mémoires ne peuvent

trouver de contredifans parmis les
perfonnes qui voudront bien fe laiffer
convaincre, que l'autorité ny la faveur
ne difpenfent pas qui que ce foit
d'obéir aux loix de la juftice & de la
raifon.

Au refte, l'on croit s'être acquité
de la preuve promife à la tête de ces
Mémoires, de l'erreur qui régne fur
la plûpart des hommes, dans l'idée
qu'ils fe font des richeffes, de l'argent
& des tributs; puifque dans le premier, ils cherchent l'opulence dans
fa propre deftruction, & font cacher
l'argent en le voulant avoir contre
les loix de la nature; tout comme
pour recevoir les tributs, on fe fert de
moyens qui mettent les Peuples hors
de pouvoir d'i fatisfaire, en leur caufãt
une perte de biens, dix & vingt fois
plus forte que la fomme que l'on a
intention de recevoir; ce qui fait que
fouvent le dommage étant certain, le
payement de l'impoft qui la caufe ne
peut pas s'en enfuivre, étant devenu
impoffible; en forte que la ruine eft
tout à fait gratuite: Or de nier que la

ceſſation d'une pareille manœuvre ne
ſoit pas une richeſſe immenſe pour les
Peuples & pour le Prince ; c'eſt ne
pas convenir qu'un torrent arrêté dans
une pente par une forte digue ne
coulera pas en bas , ſi tôt que ce qui
le retenoit ſera levé ; ce qui n'exige
qu'un moment.

Fin du Tome ſecond.

www.ingramcontent.com/pod-product-compliance
Lightning Source LLC
Chambersburg PA
CBHW071620270326
41928CB00010B/1710